Bases para la recuperación integral de la Argentina

RAUL CUELLO

Bases para la recuperación integral de la Argentina

Editorial El Ateneo

Diseño de interiores: Mónica Deleis

Primera edición de Editorial El Ateneo
© LIBRERÍAS YENNY S.A., 2003
Patagones 2463 - (C1282ACA) Buenos Aires - Argentina
Tel.: (54 11) 4942 9002 / 4943 8200 - Fax: (54 11) 4308 4199
E-mail: editorial@elateneo.com

Impreso en **VERLAP S.A.**
Comandante Spurr 653, Avellaneda,
Provincia de Buenos Aires,
en el mes de octubre de 2003

Impreso en la Argentina

Índice

A la memoria del doctor Julio Oyhanarte,
argentino ilustre

Prefacio

La Argentina atraviesa la crisis económica y social más grave de toda su historia. Para corroborarlo se podrían citar numerosos indicadores; sin embargo, basta señalar que el PBI registró un descenso del 28 por ciento entre los años 1998 y 2002; que el 52 por ciento de los argentinos vive debajo de la línea de pobreza; que el nivel de endeudamiento estimado a fines de 2003 será el equivalente al 163 por ciento de su PBI; que el sistema financiero está prácticamente colapsado y, por ende, no cuenta con crédito externo o interno; que la falta de seguridad alcanza tintes dramáticos, y, finalmente, que aunque se registraran tasas de crecimiento del 4,5 por ciento anual acumulativo —algo ciertamente difícil, pero no imposible—, recién en el año 2012 se alcanzaría el nivel de PBI por habitante que se tuvo en 1997.

A este escenario tan negativo se le atribuyen muchas causas; por ejemplo, se culpa al régimen de convertibilidad por la situación traumática derivada de la devaluación del 250 por ciento en enero de 2002. También se argumenta que la apertura unidireccional de la economía fue la responsable de la destrucción de la industria nacional, o que el déficit provocado por gastos descontrolados, unidos a una recaudación tributaria insuficiente, requirió de un financiamiento externo que no se correspondía con las posibilidades de pago. Asimismo, se afirma que el escenario internacional debilitó los ya precarios equilibrios macroeconómicos y que el Fondo Monetario Internacional obligó al país a adoptar medidas de ajuste contraindicadas para la Argentina, o que desde la segunda presidencia de Carlos Menem hasta la de Eduardo Duhalde, pasando por el breve interinato de Adolfo Rodríguez Saá, se tomaron medidas absolutamente desacertadas, o que la corrupción ha alcanzado niveles inaceptables, o que los gobiernos no adoptaron medidas suficientes en favor de los mercados o, a la inversa, que éstas fueron demasiado generosas y que la acción de los grupos económicos debilitó el Estado.

Podríamos enriquecer aun más este listado incluyendo en él los puntos de vista de todo el arco profesional, político e ideológico que estudia la situación de nuestro país. Pero todos esos argumentos tienen un denominador común: son producto de análisis parciales y no abarcativos de un fenómeno que no tiene precedentes en el mundo moderno, hasta el punto de haberse convertido en un caso de estudio en los centros universitarios.

Al partir de diagnósticos parciales, las hipótesis que se formulan no pueden más que arribar a resultados equivocados, de manera tal que ninguna propuesta podrá ser superadora de la crisis.

Sostengo que la situación de la Argentina no obedece a causas económicas. Mal pueden ser ellas las responsables cuando se trata de uno de los pocos países en el mundo que está dotado de todos los climas y de todos los recursos que proporciona la naturaleza: vegetales, animales y minerales. El mar argentino es generador de riquezas ictícolas y está poblado por las especies más demandadas. Nuestro país posee una de las más importantes reservas acuíferas del mundo, y sus fuentes energéticas —hidráulicas y eólicas— pueden ofrecer toda la energía necesaria para apuntalar el desarrollo económico.

La Argentina se destaca por la ausencia de conflictos étnicos o religiosos; posee científicos de primer nivel internacional; tiene desarrollo tecnológico en sectores clave como la energía nuclear, la rama aeroespacial, las comunicaciones y la biotecnología; sus centros universitarios están integrados por profesores de primer nivel internacional; sus exponentes deportivos se destacan en el mundo pese a que no cuentan con ayuda estatal; sus estudiantes compiten en concursos mundiales y obtienen premios por sus destacadas actuaciones, y puede exhibir con orgullo varios premios Nobel obtenidos por ciudadanos argentinos.

Si tenemos de todo, ¿cuáles son las causas de nuestro atraso y de nuestra frustración? Simplemente, hemos dejado de armonizar la conjunción de recursos e inteligencia, e iniciamos así el camino de la decadencia. Hoy ya no somos un gran país y sólo arrastramos "el dolor de ya no ser"; no abandonamos la soberbia que nos es propia para reiniciar, con humildad, el camino de nuestra recuperación.

Con el intento ambicioso de sentar lo que he denominado "Bases para la recuperación de la Argentina", he escrito este ensayo que ofrezco a la consideración de los argentinos de bien que estamos comprometidos en la tarea de volver a poner a nuestro país en el lugar que nunca debió abandonar.

El capítulo 1 señala las características que definen el cuadro de anomia que nos es propio y las secuelas que se derivan de él: depresión social, criminalidad, drogadicción, alcoholismo, elevado índice de suicidios. Ese cuadro tiene como marco la caracterización que hiciera en 1893 el sociólogo francés Emilio Durkheim (1858-1917) acerca de aquellos que, por carecer de presente, no pueden divisar su futuro. Este análisis puede ser trasladado al país que hoy aparece hipotecado por propia voluntad y que carece de medios para cumplir con sus obligaciones, razón por la cual se encuentra —de manera sistemática— en una posición mendicante frente a los centros de poder económico (los cuales, a su vez, utilizan la deuda como el más sutil de los medios de dominación).

El tema de la corrupción es motivo de tratamiento del capítulo 2. Se trata de un verdadero cáncer social, y si bien no es novedosa en el mundo, ha alcanzado entre nosotros una virulencia tal que puede afirmarse sin dudar que la corrupción se ha "democratizado" y alcanza ya todas nuestras conductas para convertirse en una nueva pauta cultural. Este cáncer ha traído aparejada una verdadera crisis de valores y ha convertido al nuestro en un país no confiable y oneroso para cualquier emprendimiento económico de riesgo. Con este grado de corrupción, la Argentina carece de futuro.

El capítulo 3 incursiona en el análisis del comportamiento de los políticos y del ejercicio de la política. La alteración de los objetivos de esta actividad aleja a la población de su ejercicio e impide que nuevos ciudadanos con vocación por tan noble ocupación participen en los partidos con los que se identifican ideológicamente. La democratización de los partidos políticos debe ser una cuestión esencial en la reformulación de la República.

La falta de un andamiaje democrático en los partidos políticos justifica la existencia de gobiernos que no están a la altura de los tiempos y de un Estado no profesionalizado que es operado por parientes, amigos y clientes políticos de los mandamás que digitan candidatos con el fin de orientar las instituciones para favorecer a los grupos identificados con el poder de turno. Debido a estas características, nuestro Estado es costoso. De tal modo, la actividad privada se ve afectada de dos maneras: por la baja productividad del gasto público y por el costo que supone su financiamiento. Bajo las pautas actuales del comportamiento político, la Argentina carece de Estado. O, en todo caso, tiene una ficción de Estado. El desarrollo del capítulo 4 gira alrededor del anómalo comportamiento del gobierno y del Estado.

El capítulo 5 señala que el camino de la decadencia —aún inconcluso— se inicia en marzo de 1976, cuando sobreviene una invasión ideológica sustentada en una premisa totalmente falsa: denostar por ineficiente el período durante el cual rigió la "Economía del Bienestar". El neoliberalismo, analizado con objetividad, nada tuvo que ver con el avance de la economía a mediados de 1850, sino con una concepción macroeconómica derivada del pensamiento de William Spencer, para quien la supervivencia de los más capaces en la economía se obtenía con la fórmula "Más mercado y menos Estado". Ésta es la receta adoptada por el nuevo orden que impone la globalización y que, al poner el foco de la acción de los países en la cuestión económica, deja al desnudo la asimetría que existe entre la democracia y el mercado, que resulta en falta de solidaridad social, polarización de los ingresos y desempleo emergente.

En la Argentina, el debate abierto respecto de la convertibilidad y el tipo de cambio merece un tratamiento especial, que se aborda en el capítulo 6. La cultura financiera, el auge de la especulación y las consecuencias traumáticas producidas por el abandono del tipo de cambio fijo en enero del 2002 provocaron el derrumbe de las finanzas y los patrimonios particulares por falta de observancia de los fundamentos de la Convertibilidad. En modo alguno es éste el origen de nuestra crisis, pero la profundiza innecesariamente. Es interesante señalar otras experiencias que ha tenido nuestro país en la materia y destacar que en ninguna de ellas la salida del régimen de convertibilidad desembocó en una megadevaluación.

Luego de haberse señalado en los capítulos anteriores la responsabilidad de los políticos, del gobierno y del Estado en la situación actual, el capítulo 7 contiene, a modo de recomendaciones, las propuestas para recuperar la Argentina. El análisis comienza por reclamar una definición urgente: ¿hemos de ser un país verdaderamente federal, como se proclama, u otro unitario como se da en la práctica? Luego se señala la improcedencia de insistir con el enfoque económico regional y se reafirma la vigencia del orden provincial actual; no estoy de acuerdo con aquellos que proclaman la inviabilidad de ciertas provincias argentinas. El capítulo concluye con recomendaciones para mejorar la acción del gobierno y del Estado, comenzando por aquellas que hacen al funcionamiento de los partidos políticos.

Insisto en que es incorrecto afirmar que los problemas de la Argentina se solucionarán solamente con el diseño de una política económica adecuada. Cualquiera que ella sea, debe responder a objetivos claramente establecidos y debe ser aplicada de manera correcta. También se equivocan aquellos que consideran que una política económica adecuada depende de la elección de buenos profesionales en la materia; ésta puede ser una condición necesaria, pero insuficiente. Es que la económica, como cualquier otra política, debe ser el resultado de una visión del país con claro sentido geopolítico y del equilibrio que debe alcanzarse en términos regionales y sectoriales. Las decisiones económicas nunca pueden dejarse en manos del mercado, ya que ello supondría una visión parcial de los intereses nacionales.

Puesta la cuestión en estos términos, se concluye que las políticas gubernamentales están subordinadas a una superestructura que asegure su calidad y la materialización de sus objetivos mediante instrumentos adecuados a cada circunstancia.

Continúo aquí la línea trazada en mis dos últimos libros, *Callejón con única salida* (1984) y *Política económica y exclusión social* (1998). En ambos, como en artículos publicados en distintos medios, anticipé el problema de la deuda que se acumulaba y sugerí la forma en que ésta debía amortizarse; postulé la falsedad de la antinomia Estado *versus* mercado; detallé el proceso de desempleo y de exclusión social y anticipé el clima de anarquía que se produciría como consecuencia de la polarización social y el colapso de la Convertibilidad.

Fueron pronósticos surgidos de una visión objetiva del acontecer político y económico. Pese a que calificados colegas compartieron esta visión, esos pronósticos jamás fueron tenidos en cuenta; ninguno de nosotros formaba parte del establishment y, por lo tanto, esas opiniones carecieron de la difusión necesaria y fueron explícita e implícitamente descalificadas por los intereses dominantes.

Hoy, cuando ya no puede desconocerse el estado de anomia que padecemos, asistimos a rectificaciones intelectuales tardías de los panegiristas de la Sabiduría Convencional imperante. Es por ello que no se pueden dejar de lado las referencias a la invasión ideológica que sobrevino con el golpe militar de 1976.

Como sociedad, nos sobran cualidades para aspirar a superar nuestra presente frustración. Sólo debemos tomar conciencia de que el orden económico viene después —mucho después— del orden político. Si hubiéramos seguido estas pautas, hoy la República Argentina sería un ejemplo para imitar en el mundo y no un país marginal, endeudado más allá de lo deseable y poco creíble para convocar capitales de riesgo. Más que capitales —que son importantes—, hoy necesitamos inteligencia, mística por lo nacional y fuerza para encarar tan ciclópea tarea, que nos habrá de demandar cerca de dos generaciones.

Es motivo de satisfacción saber que los mismos colegas y amigos con quienes discutí permanentemente la problemática argentina, continúan trabajando para contribuir con sus enfoques al debate económico. Son ellos Adolfo Buscaglia, Marcelo Lascano, Eduardo Conesa, Eduardo Curia y Héctor Valle. Con otros he tejido una amistad que me enorgullece a través de décadas de vida profesional, como Aldo Ferrer, Felipe Tami, Jorge Macón, Javier Villanueva, Eduardo Zalduendo y Juan Carlos de Pablo. A todos ellos les debo mucho como economista profesional. Obviamente, ninguno queda comprometido por mis opiniones.

Un párrafo especial merece mi dilecto amigo, el doctor Héctor López, cuyos aportes para este libro han sido inestimables. Su enfoque de jurista de excelencia y sus conocimientos de historia y política se constituyeron en valiosos aportes que quiero destacar.

Finalmente, dedico este trabajo a un preclaro hombre del derecho argentino con quien intercambié opiniones respecto del futuro de nuestro querido país, que me honró en vida con su amistad y me dejó el ejemplo de su trayectoria, el doctor Julio Oyhanarte, ex juez de la Suprema Corte de Justicia de la Nación.

Al lector, destinatario de las ideas vertidas en los capítulos que siguen, le ofrezco mis respetos y mi agradecimiento por dedicar su tiempo a esta lectura.

Capítulo 1

La Argentina en el 2003

Los hitos del desastre

Desde 1998, la Argentina atraviesa la crisis más profunda y prolongada de su historia. Esta crisis tiene, además, características poco comunes, ya que está acompañada del absoluto descrédito que nos hemos ganado ante el mundo por el incumplimiento de nuestras obligaciones. La gravedad de esta crisis es la culminación de un proceso político-cultural de decadencia, del paulatino y creciente deterioro del tejido social provocado por altísimas tasas de desempleo, con el 53,5 por ciento de la población por debajo de la línea de pobreza,[1] y de una aguda depresión económica que se mide por un descenso del 28 por ciento del PBI entre 1998 y 2002.

Nos mostramos como un país paradójico. Tenemos ejércitos de desocupados y subocupados cuando en nuestro vasto territorio está todo por hacerse. Hay niños, jóvenes y viejos que buscan comida entre los desperdicios en un país que produce anualmente setenta millones de toneladas de granos.[2] Tenemos riquezas en nuestras pampas, valles, montañas, bosques y en nuestro mar. De la Argentina han salido

más premios Nobel que de toda América latina. Poseemos
tecnología nuclear y espacial. Objetivamente, nuestro país
tiene potencialidades de desarrollo en todos los órdenes.

Frente a este cuadro, y como una muestra de la alteración producida en nuestra escala de valores, es ciertamente incomprensible que se hable a diario y por cuanto medio existe sobre finanzas y economía, a punto tal —y a
modo de ejemplo de esta patología— que se muestre como
un indicador de éxito el aumento de la recaudación impositiva. Ningún espacio se concede a tratar de definir un
proyecto geopolítico —sin el cual no habrá futuro—, nadie
habla de rescatar la cultura nacional que se extingue como
la llama de una vela, pocos se ocupan de investigar a fondo el origen de nuestra situación. Ciertamente, aporta más
dividendos mediáticos asumir posiciones doctorales para
explicar lo que es obvio (al mismo tiempo que se olvida
que, por acción u omisión, quienes así se comportan habían
ganado espacios para aplaudir lo que ahora critican).

Al comenzar el siglo XX la Argentina registraba las tasas de crecimiento más espectaculares del mundo como consecuencia de la explotación de sus vastos recursos agrogana-
deros.[3] El impulso se mantuvo hasta la década de 1940,
aunque con características y circunstancias distintas. Prueba
de nuestro dinamismo era que superábamos a España, Italia, Canadá, Nueva Zelanda y Australia. Para dar una idea
más concreta, nuestro parque automotor superaba al de
Francia y, en materia de comunicaciones, Japón tenía en
1930 menos teléfonos por habitante que la Argentina.

En los años cuarenta, el índice de analfabetismo era
despreciable. La universidad contaba con una matrícula

que, respecto de la población total, era la mayor de América latina y una de las más altas del mundo. Hoy ni siquiera somos líderes en nuestro continente, del cual fuimos motivo de admiración a punto tal que aquí venían a educarse los futuros profesionales latinoamericanos. Aunque nos cueste admitirlo, en la actualidad integramos el grupo de países denominados *upper middle income*.[4]

La simple lectura de la lista de esos países justificaría la desazón y el desaliento que nos invaden a los argentinos. Hay allí naciones que han padecido y padecen situaciones traumáticas, algunos por vivir en estado de guerra permanente, otros vienen de atravesar la experiencia colectivista, otros carecen de recursos, etcétera. Pero las lágrimas brotan cuando dirigimos nuestra mirada hacia adentro y apreciamos cómo nos hemos degradado y acostumbrado a vivir, sin eufemismos, "en medio de la mugre", a pesar de que ninguna conmoción interna justifica tal estado de cosas.

No tuvimos cataclismos, luchas raciales ni religiosas y tampoco fuimos alcanzados por acontecimientos externos que nos impactaran negativamente. Todo se debe, exclusivamente, a falencias de nuestra clase dirigente; podríamos afirmar que no tuvimos un buen gerenciamiento. Nuestros políticos desconocen la autocrítica: si fueran interrogados, en su inmensa mayoría expresarían que la causa de nuestro fracaso no es atribuible a ellos.

El cuadro social por el que atravesamos —y que debería ponderarse de una manera prioritaria en los análisis de políticos y economistas— es la evidencia tangible que trasciende los indicadores económicos. Considero que la acción gubernamental debe centrarse en el bienestar de la ciudadanía. De nada sirve la insistencia del gobierno en afirmar —con una carga voluntarista— que la recesión "quedó atrás": cuando alcanzamos alguna suerte de estabilidad, ésta se parece más a la paz de los sepulcros que a la de un país que recuperó la confianza y la credibilidad tan necesarias para "salir del pozo". Mientras no se renegocie la deuda externa, el crecimiento del PBI será un indicador irrelevante: si ese crecimiento no está acompañado por una distribución justa de los ingresos no es indicador de mejora social alguna.

Ciertamente, existen quienes afirman que el crecimiento del PBI acarrea un "efecto derrame" que produce beneficios para todos. En el capitalismo excluyente actual, ése es un cuento para niños. Cuando no es resultado de un proyecto político y sólo está determinada por el mercado, la generación de riquezas produce acumulación para los que más tienen y aumenta la brecha entre las clases sociales.[5]

Una buena medida de la polarización social que hoy registra la Argentina se obtiene del análisis comparativo de la distribución del ingreso 1974-2002.

Análisis comparativo de la distribución del ingreso 1974-2002 (en porcentajes)

Población	1974	2002
20% pobre	6,4	3,6
20% medio-bajo	11,2	8,4
20% medio-pleno	16,1	13,5
20% medio-alto	22,8	20,9
20% alto	33,7	43,6

Fuente: Elaboración propia sobre datos del INDEC.

El ochenta por ciento de la población perdió participación en favor del veinte por ciento más rico. En valor dólar del año 2000, esto significó una transferencia de 27.400 millones de dólares anuales.

Visto desde otro ángulo, la brecha de ingresos entre los más pobres y los más ricos —es decir, cuántas veces "entra" la participación en el ingreso que tiene el diez por ciento más pobre de la población en la del diez por ciento más rico— era de 12,7 por ciento en 1974 y ascendió al 33,6 en el año 2000, con un salto espectacular a partir de 1999, cuando aumentó al 28,7 por ciento.[6] Es muy fácil advertir las consecuencias dramáticas del enfoque neoliberal —al que me referiré más adelante— instalado en 1976 y reafirmado a partir de 1991.

Es bueno recordar que la inequidad distributiva no sólo es mala para los pobres; tampoco permite que el rico disfrute su posición, aunque viva en barrios exclusivos celosamente vigilados.[7] Por otra parte, la injusticia distributiva —además de ser criticable desde el punto de vista moral— es negativa en términos de eficiencia, porque la demanda global en la economía surge del ingreso disponible de los consumidores dada la participación relativa que tienen sobre el total.

Pero eso no es todo. La inequidad distributiva está acompañada por una tasa de desempleo urbano del 19,6 por ciento de la población económicamente activa; esa tasa es 168 por ciento superior a la de Brasil, 117 por ciento mayor que la de Chile y 327 por ciento por encima de la de México, y constituye la culminación de un proceso subalternizador de la dignidad humana. Si sumamos las tasas de desocupación y subocupación sin ocultarlas debajo de los planes Trabajar, el total de personas marginadas del mercado laboral en mayo de 2002 era de 5.703.000, esto es el 40,1 por ciento de la población económicamente activa. Tal porcentaje era "sólo" el 15,7 por ciento en octubre de 1989, en pleno proceso de hiperinflación, lo cual demuestra que entre ambas fechas nuestros gobernantes hicieron el "milagro" de desquiciar totalmente el mercado laboral.

Además, en este proceso se deterioraron la justicia, el orden social, los derechos elementales y aun cuestiones relacionadas con la seguridad nacional. El sindicalismo prácticamente se hizo añicos, y sólo quedan como su expresión los mismos dirigentes sindicales que fueron espectadores pasivos del agravio sufrido por los afiliados y que no demuestran interés alguno en hacer su autocrítica, ni tampoco en abrir el paso a nuevos dirigentes. Esto no debe llamar la atención, pues en la Argentina el gran negocio ha sido, y es, adquirir y mantener cuotas de poder político. El primer objetivo de cualquier dirigente político, empresario o sindical ha sido, es y será permanecer en las posiciones alcanzadas.

No se recuerda otro período de nuestra historia en el que haya habido tanta distancia entre los que más tienen y los que carecen de todo. Nunca como ahora los argentinos hemos vislumbrado un futuro tan sombrío; si hasta el presente les ha sido "birlado" a los pobres y a los excluidos.

Apelar a indicadores macroeconómicos tales como los agregados de la demanda y la oferta global no tiene importancia decisiva, ya que cualesquiera hayan sido sus valores, éstos no han expresado un país mejor en ninguno de los casi treinta años transcurridos desde 1976. Peor aún, el comportamiento de esos factores ha producido una contracción del PBI y un incalificable nivel de endeudamiento externo que sirvió para capitalizar a los intermediarios financieros (Citicorp, First Boston, J. P. Morgan y Merril Lynch, entre otros), a las calificadoras de riesgos y, en general, a los banqueros del exterior, cuya lista es suficientemente conocida, y al establishment vernáculo, así como a los funcionarios públicos que les facilitaron su accionar.

A la hora de asumir las pérdidas del riesgo empresario, es notable comprobar cómo los máximos defensores del mercado —al que dedicaron congresos, seminarios y reuniones de todo tipo— siempre se las ingenian para socializarlas. Lo señalado constituye una verdad incontrastable, que no fue reconocida por quienes emitieron juicios laudatorios de las políticas contrarias al interés general que posibilitaban descargar esas pérdidas sobre el gasto público. Cuando se trata de adjudicar responsabilidades por el gravísimo cuadro social, éstas deben atribuirse a quienes fueron los beneficiarios de la política económica aplicada: los gobernantes de turno, los economistas que pontificaban las políticas implementadas y que, luego de ocupar cargos públicos, fueron contratados por organismos financieros o universidades del exterior o recibieron un exilio dorado en el cuerpo diplomático.

También se incluyen en la lista los seudoperiodistas, simples repetidores de las noticias escritas en los medios especializados a los cuales representan, que han obtenido ventajas patrimoniales a la vista de todos negociando la publicidad de modo muy peculiar, actuando como lobbystas profesionales y aun apoderándose de canales de televisión —abierta y por cable—, radios y medios de prensa escrita, hasta constituirse, algunos, en monopolistas gracias al favor oficial. Los argentinos que no están distraídos pueden dar fe de que esto ha sido así.

Con honrosas excepciones, el periodismo argentino apoya inveteradamente al gobierno imperante, sus ejes partidarios y las relaciones de poder en las que se basan, como también sus políticas económicas. Con este encuadre, no resulta extraño que las noticias que difunden omitan los puntos de interés social, las críticas a las conductas empresarias y gubernamentales y, en definitiva, todo lo que no está en línea con la Sabiduría Convencional.

La propiedad de los multimedios los convierte en verdaderos monopolistas de la información, ya que controlan emisoras de radio y televisión, diarios y revistas. Además, y como subproducto de este estado de cosas, limitan el ejercicio independiente de aquellos buenos periodistas que, si no siguen sus dictados, pueden quedarse —y, de hecho, se quedan— sin trabajo. En todo caso el ejercicio de supervivencia hace que los periodistas se censuren a sí mismos.[8] Puede afirmarse sin eufemismos que la libertad de prensa es un verdadero mito: en realidad, es libertad de empresas.

La búsqueda de los beneficios se antepone al profesionalismo, y el *rating* pauta la conducta a seguir. De allí al "periodismo basura" sólo hay un corto paso. El exponente máximo es la televisión, verdadero cáncer social que subvierte la moral de las familias argentinas. No es, por cierto, el modelo que se puede encontrar en los países europeos o en Japón. El secreto estriba en que en esos países existen canales estatales que no son esclavos de la audiencia ni tampoco de las pautas publicitarias. Dicho de otro modo, el Estado interviene basado en el principio de la guarda del interés social. Pero entre nosotros las cosas son distintas, y ni siquiera el COMFER ejerce el poder de policía que le es propio. Los medios producen un verdadero lavado de cerebro en quienes creen de buena fe en las bondades de un esquema que termina por incluirlos entre los "perdedores". Este pecado de ingenuidad, claro está, es posible en una sociedad donde se ha perdido el hábito de pensar, de leer y de interpretar lo que se dice. Es la nuestra una sociedad donde los libros "muerden", y ni siquiera son utilizados como se debe en las etapas educativas, ya que son reemplazados por apuntes.

Resulta más cómodo y confortable repetir los juicios de los "ignorantes sacerdotes" de la ideología dominante que comprobar la certeza de esos juicios con conclusiones propias. De este modo, se fomenta la estupidez y la chabacanería, verdaderos costos sociales que trae como contrapartida el beneficio empresario.

Los perdedores del tránsito hacia lo que he calificado en varias oportunidades como un verdadero "economicidio" son los pobres y el sector de la clase media que pasó a integrar el contingente de los "nupos".[9] Pero es necesario, además de describir, analizar las consecuencias de las pérdidas que tiñen el escenario argentino en el año 2003.

En primer lugar, debe destacarse el triste espectáculo de los niños a los que se les ha robado la infancia, precisamente en el país que proclamó en su momento que "los únicos privilegiados son los niños". El único privilegio que hoy tienen los niños excluidos es "trabajar" de mendicantes, frecuentar los basurales, buscar todas las noches el sustento diario entre los desechos de hogares y casas de comida. Van solos o de la mano de sus padres, haciendo una experiencia que nunca los abandonará y los marcará de manera indeleble. En ese espejo debemos ver nuestro futuro.

Esos niños no tienen acceso a una vivienda digna ni a la salud, y menos a la educación, porque aun aquellos que acuden a las aulas lo hacen para encontrar un ámbito de contención donde reciben un plato de comida. Si alguno tiene "suerte" y puede conseguir un empleo marginal, recibe una paga indigna y trabaja en condiciones de verdadera esclavitud.

Del submundo que los comprende se alimentan el delito en sus múltiples facetas y los movimientos que alteran el orden público, que encuentran allí potenciales reclutados. La situación es poco menos que explosiva, porque el "efecto demostración" transmitido por la televisión les hace ver que "más allá de su realidad" hay otra plena de confort y oportunidades, lo cual los llena de resentimiento.

Niños y jóvenes que no trabajan ni estudian, producto de hogares desintegrados, tienen en la calle su hogar natural. ¿Quién apuesta respecto de su salud mental y física futura? ¿Cómo impactará esto en la sociedad del mañana, dado que en la del presente no reciben de los gobernantes más que un encogimiento de hombros? Se busca legitimar expresiones de la miseria, como los cartoneros en la Ciudad de Buenos Aires, donde la Legislatura sancionó la ley 992/03 para promover la recuperación de materiales reciclables, convirtiendo esta tarea en un servicio público. En realidad, ésa debería ser una salida transitoria mientras el Estado defina políticas públicas que promuevan la creación de puestos de trabajo de mayor calidad y menos denigrantes. A la cooperativa o entidad que los agrupa le debe de resultar muy fácil negociar ventajas a cambio de votos. Es notable comprobar cómo la incapacidad y pequeñez de algunos políticos nivela siempre hacia abajo.

En segundo lugar tenemos el miserable espectáculo producido por aquellos jubilados que, estafados por la sociedad a la que contribuyeron en su juventud, no sólo reciben una asignación asimilable a una limosna sino que también carecen de servicios asistenciales. En el límite, se les aplican retenciones que les son devueltas luego en bonos que difícilmente habrán de cobrar mientras vivan y que sólo pueden convertir en dinero cediendo a la usura de quienes se los compren. Naturalmente, me refiero a los usureros institucionalizados: las instituciones financieras que pagarán precios "de mercado".

Jóvenes desvalidos y viejos desamparados son los polos de una sociedad donde la expectativa de vida al nacer se va reduciendo paulatinamente porque tanto unos como otros mueren más temprano, una sociedad donde el deterioro de la salud hace que el capital humano argentino deje de ser el que fue para convertirse en sabe Dios qué cosa.

¿Quién va a financiar el gasto en salud que demanden en el futuro los que hoy forman parte de una verdadera "corte de los milagros"? ¿Quién va a financiar el deterioro del sistema previsional cuando los aportantes de hoy disminuyen de manera alarmante por el desempleo o por la evasión fiscal de los empresarios? En definitiva, hoy no existe conciencia clara en la clase dirigente de nuestros problemas proyectados hacia el futuro. Tal vez por eso consideran más importante discutir sobre el tipo de cambio u otros instrumentos de política. ¿Los objetivos? Ausentes sin aviso.

Los gobernantes de hoy sólo se preocuparán mañana por disfrutar las ventajas cosechadas, mientras siguen bregando para hacerse del poder, como siempre ocurrió a lo largo del tiempo, sin demostrar nunca el menor asomo de espíritu de servicio para con los ciudadanos. Así se comprende por qué son tan proclives a conjugar en tiempo futuro: porque el presente siempre "les quema". Desconocen que para gobernar hay que saber. Y para saber hay que estudiar, algo imposible para los que dedican su tiempo a "trenzar" lealtades o complicidades.

Dentro de las consecuencias de esas pérdidas a las que se aludió debe mencionarse, en tercer lugar, el fomento al asistencialismo mediante un sistema que constituirá uno de los lastres más pesados de cara al futuro: las agrupaciones de piqueteros, instituciones creadas a la luz de necesidades objetivas, pero también por la manipulación política de aquellos dirigentes que las utilizan para sus propios fines y lucran con la marginalidad que los rodea.

Se puede descontar que, a medida que transcurra el tiempo, se harán más fuertes los dirigentes que dirigen la masa, a la cual coaccionan para que siga sus dictados extorsionándola con subsidios. Es tan fuerte el movimiento que hoy constituye casi una fuerza política que busca el poder por medios violentos.

Los conductores de este verdadero ejército se han adjudicado la facultad de desconocer los derechos y garantías ciudadanos ante la pasividad de las fuerzas del orden y de la justicia. Curiosamente, algunos de sus máximos dirigentes son diputados que deberían dar ejemplo cívico. Cortan rutas, calles, puentes; usurpan propiedades; producen daños y lesiones; todo esto ha creado en nuestro país un estado verdaderamente anárquico pletórico de temor e inseguridad.

¿Alguien puede creer que esto es posible en países serios? Ciertamente no, porque los intereses de la sociedad están por encima de los de los sectores que la integran. ¿Quién opina que la Argentina puede convocar inversiones de riesgo? ¿Quién supone que así se puede reducir el desempleo y mejorar los ingresos? Aumenta, sí, la inclinación a la holganza y a la corrupción del sistema. Hoy ya existen 2.800.000 beneficiarios de diversos subsidios. ¿Cuántos serán el año que viene? ¿Cuánto se les pagará y con qué recursos?

Protegido por cordones policiales, este verdadero ejército integrado por marginados —y otros que no lo son, pero lucran con su condición de "punteros"— se ha adjudicado la facultad de hacer trizas los derechos mencionados. Espectáculos como los que se observan a diario en nuestras calles y caminos no son posibles en países como Japón, Italia o España, por mencionar sólo algunos. Como ya se dijo, en las naciones serias los intereses de la sociedad están por encima de los de cualquier grupo que la integra.

La Argentina ha perdido definitivamente el rumbo. El cuadro descrito se abona por el acuciante desempleo y la pobreza que le es propia. Que con descaro se diga que esto puede revertirse a partir de una recalificación profesional, y que el desempleo tecnológico siempre existió y fue luego subsanado por la adaptación de las personas, suena como sarcasmo.

Veamos un ejemplo. El 17 de febrero de 2003, el supermercado Coto ubicado en la calle 7 de La Plata convocó a trabajadores con estudios secundarios para cubrir cuarenta puestos de cajero; ofrecía un sueldo de 350 pesos por cuarenta y ocho horas de trabajo a la semana. Se presentaron setecientos postulantes, en su mayoría profesionales (abogados, arquitectos, ingenieros, contadores, maestros, etcétera). ¿Es a este fenómeno a lo que se refieren esos teóricos que traen a la memoria el reemplazo de tranvías de tracción animal por otros eléctricos? ¿Les parece asimilable el desempleo tecnológico del pasado al desempleo de hoy? ¿Dónde entra en sus análisis la dignidad del hombre y su sentido de autoestima?

Quienes han perdido ingresos y trabajo han perdido también influencia y poder políticos. Están muy atomizados y seguirán estándolo; salvo en períodos electorales, poco importan para las especulaciones políticas. Es cierto que el adelanto tecnológico disminuye la demanda de profesionales y trabajadores especializados, pero en un mercado laboral deprimido la situación empeora porque los sindicatos no actúan como elemento protector ni amortiguante, y porque la competencia obliga a las empresas a buscar reducción de costos apelando, inclusive, a mano de obra inmigrante dispuesta a trabajar en cualquier condición.[10] Para empezar a comprender el problema laboral en la Argentina debe tenerse presente que la semana laboral promedio es hoy de cincuenta y cinco horas, con extremos cercanos a las setenta.

Si el Ministerio de Trabajo y la Dirección de Migraciones cumplieran con las funciones que les son propias, no menos del cincuenta por ciento del desempleo quedaría resuelto.

El mercado de trabajo se ha precarizado desde el momento en que al Estado se lo ha forzado, por imposición de los organismos multilaterales de crédito, a adoptar políticas laborales flexibles y, por ende, ningún empresario está obligado a resguardar la estabilidad laboral de sus trabajadores. La seguridad que se obtenía en el pasado ya no existe. La incertidumbre de quienes trabajan es total; más que por su salario, los trabajadores se inquietan pensando cuándo van a ser despedidos. Al respecto no existe línea divisoria por el ingreso, ya que los que "están bien" pueden dejar de estarlo en cualquier momento y sin posibilidad de reubicación, cualquiera sea su calificación laboral.

Esta situación se refleja en nuestra calidad de vida. El progreso del siglo XX no pudo poner fin a la pobreza, la exclusión y la mendicidad. El futuro será más sombrío si es que no se procura disminuir el desequilibrio en la distribución de la renta, porque el bienestar está más asociado a la justicia distributiva que al crecimiento del PBI y a la renta absoluta.

Cuadro de anomia

Es natural que recordemos con nostalgia los tiempos pasados. Se trata de un ejercicio que todos hacemos, tarde o temprano, junto a quienes fueron nuestros compañeros en la vida. La nostalgia surge porque comparamos lo que fue y lo que es, lo que hicimos y lo que hacemos, lo que fuimos y lo que somos. Es un sentimiento que nace luego de observarnos en el espejo del tiempo y recibir la imagen de lo que quedó atrás, una imagen cargada de tristezas y alegrías, porque trae al presente aquello vivido y que es irrepetible. Tal asimetría existe siempre y es propia de la naturaleza humana. En la vejez añoramos los años de juventud, cuando nos jubilamos extrañamos los años de actividad. Cuando perdemos un ser querido recordamos su amor. Esa nostalgia es la del "almanaque de nuestra vida". Es la *nos algia*. Nuestro dolor.

Pero quiero referirme también a otro tipo de nostalgia, a otro tipo de dolor o sufrimiento que trasciende el plano de lo individual y se relaciona con las circunstancias en las que se desarrolló nuestra vida; es la nostalgia vinculada al entorno social, al barrio, a la patria y, de un modo más abarcativo, a nuestro acervo cultural, a nuestras instituciones, a lo que, en definitiva, era la República Argentina. Esa Argentina que nos duele tanto por lo que dejo de ser, ese país que nos hace decir, como el tango, "si cuando me acuerdo me pongo a llorar".[11] Esa Argentina que malos gobiernos hundieron en la decadencia; esa patria a la que con cinismo le dedican discursos de circunstancias augurando venturas, al tiempo que la esquilman y explotan mientras declaman que "estamos condenados al éxito". ¿Qué éxito?

Naturalmente, si comparásemos en términos materiales el presente con el pasado no estaríamos jugando limpio, porque pasaríamos por alto el desarrollo tecnológico. El confort de hoy es mayor que el de ayer. Los progresos logrados gracias a los descubrimientos científicos son incontrastables. ¿Pero esto es suficiente para afirmar que hoy somos más felices que hace tres o cuatro décadas? Indudablemente no, a juzgar por el grado de anomia que nos caracteriza, pese a que la expectativa de vida ha aumentado notablemente (aunque hoy está en retroceso debido a las carencias sociales).

En el aspecto social, el punto de inflexión se produjo con el advenimiento del régimen militar que se dio en llamar, eufemísticamente, Proceso de Reorganización Nacional. Desde entonces, hace ya veintisiete años, y por los factores que se verán más adelante, nuestros valores sociales, culturales, políticos y económicos iniciaron una caída que acompañó a la crisis más profunda jamás atravesada.

De aquella Argentina, orgullo de todos nosotros por sus realizaciones, sólo quedan las reservas potenciales mantenidas por quienes no renunciamos a persistir en el esfuerzo de verla resurgir de las cenizas. Aunque nos cueste admitirlo, la Argentina es hoy "un lugar geográfico" carente de los atributos esenciales para ser considerada una Nación-Estado. Aunque nos duela y socave nuestro orgullo, no somos un país confiable ni creíble, ni para nosotros ni para el resto del mundo.

Carecemos de normas de convivencia y cualquier persona, más allá de su formación política, debe concluir que bajo tales condiciones la decadencia está asegurada, mientras no se restablezcan las pautas que hemos perdido. A esta altura, queda claro que el problema argentino dista de ser económico, y cualquier propuesta que no trascienda ese marco está irremediablemente condenada al fracaso.

La falta de reglas éticas y de orden jurídico lleva a un estado de cosas que Emilio Durkheim definió de la siguiente manera: "La anomia en una sociedad o grupo social puede originar reacciones patológicas en los individuos, como el suicidio, el crimen, la delincuencia o la prostitución".[12] A esa enumeración podríamos agregar la drogadicción y el alcoholismo. Cuando ahondó en el problema, Durkheim llegó a la conclusión de que la anomia es una consecuencia del desequilibrio económico o institucional; lejos estaba de imaginar que, ciento diez años más tarde, la Argentina brindaría una evidencia empírica de su postulado.

Esta anomia ha calado hondo en nuestra sociedad, porque se han desvanecido las esperanzas de vivir conforme los dones prodigados por Dios a nuestra tierra. Como ya se ha dicho, vivir sin presente pone vallas al futuro, entendido "no como el tiempo por venir, sino el que podemos hacer".[13] La democracia ya no es el sistema con el que "se come, se cura y se educa".[14] La democracia se ha convertido, simplemente, en el andamiaje sobre el cual se monta una estructura de prebendas y privilegios levantada para lograr el control de los resortes del Estado, de los cuales se ha apropiado la mayoría de los políticos en los últimos treinta años.

No es esta democracia el sistema en el cual los individuos se realizan porque a todos se les brinda igualdad de oportunidades. No es esta democracia el sistema a partir del cual la solidaridad nos identifica a todos. En suma, esta pretendida democracia está lejos de ser el modo de vida de quienes fueron sus mentores en el transcurso de la historia (Aristóteles, Platón, Juan Jacobo Rousseau, Alexander Hamilton, Thomas Jefferson y el conde de Mirabeau, entre muchos otros).

Nada más alejado de la realidad que la apelación a la "representatividad" que la Constitución Nacional otorga a nuestra forma de gobierno. El pueblo descree de sus dirigentes y no se siente representado por ellos. El escepticismo se ha adueñado de nuestras vidas. No somos ciudadanos, porque han hecho que dejáramos de serlo y nos quitaron las alternativas.[15] En realidad, el ciudadano es un simple juguete del poder, carece de derechos y sólo tiene obligaciones. Obviamente, esto rige sólo para el ciudadano común, porque aquellos que están cerca del poder coparticipan del lucro originado en las decisiones estatales.

El ejercicio de la democracia hace que el ciudadano "delegue" el poder en sus representantes, pero éstos, una vez en ejercicio de sus funciones, olvidan que tienen el poder por "representación" y hacen con él lo que mejor les place. Los electores, cumplido el ritual de la votación, se desentienden de los problemas comunitarios porque "el elegido" debe resolverlos. Consideran que han transferido su voluntad, pero de esa voluntad se apropian los que carecen de cualidades para merecerla. Nuestro drama es que votamos "el nombre de alguien" a quien consideramos nuestro salvador, pero ese salvador, sistemáticamente, nos defrauda.

En el ejercicio de la más amplia discrecionalidad, "el elegido" utiliza las instituciones y, por lo tanto, las cambia o las acomoda a sus intereses. De hecho, "el elegido" se convierte en un verdadero rey temporario. Y cada cuatro años, si tenemos suerte y el período se cumple, la ceremonia se repite, se abre una nueva esperanza y se prepara una nueva frustración. Porque se elige entre hombres no siempre capaces y sin la suficiente carga ética para la tarea a la cual se postulan.

Para ejemplificar lo dicho basta recordar el proceso que llevó al abandono de la Convertibilidad, la inobservancia de la ley que le había dado origen y aun de la que había garantizado, pocos meses antes, la "intangibilidad de los depósitos". Fue un verdadero robo hecho por el Estado, gobernado por incapaces que no pudieron medir las consecuencias de sus decisiones.

La devaluación provocó una de las más violentas redistribuciones del ingreso registradas en nuestro país. El salario real fue reducido como nunca antes. La inmensa mayoría de los jubilados y pensionados se vieron arrojados a la más cruda indigencia. El sistema financiero fue vehículo para el más burdo engaño a los ahorristas. Aquellos que confiaron en las leyes de la nación y contrajeron deudas en divisas extranjeras debieron hacer frente a sus compromisos con magros ingresos en pesos. El orden jurídico nunca antes había sido tan vilipendiado, y jamás había sido tanta la desazón del país como la que sintió al recibir justificaciones irrelevantes de lo que pudo y debió haberse evitado. El Estado no reconoció siquiera la garantía que tenían los depósitos hasta cierto límite.

En su primer mensaje al pueblo, sin sonrojarse siquiera, el presidente Eduardo Duhalde aseguró que los depósitos se devolverían en la moneda en la cual se habían constituido. Cualquier especialista sabía que eso era imposible, pero lo grave es que el Presidente lo afirmó. Se trata sólo de una muestra, porque es común que en los más altos niveles del poder se desconozcan los compromisos asumidos, otor-gándoles a las palabras un valor prácticamente nulo.

Para nuestra desgracia, en este cuadro de anomia care-cemos de la "inteligencia" que nos devuelva la esperanza perdida, las ideas y los proyectos que nos ayuden a recupe-rar y moldear nuestro futuro. Esa "inteligencia" debe ser generacional, como lo fue la de la Generación de 1837, in-tegrada, entre otros, por Esteban Echeverría, Juan Bautista Alberdi, Salvador María del Carril, Miguel Cané, Marco Avellaneda, Vicente Fidel López, José María Gutiérrez, Marcos Paz, Félix Frías y Emilio Lamarca. Necesitamos una "bisagra histórica" que nos permita recuperar la iden-tidad nacional, única forma de integrarnos al mundo globa-lizado y evolucionar de acuerdo con los tiempos que corren.

Si persistimos en la cultura del "shopping" y el "Mc-Donald's" el proceso de decadencia no cederá, porque los paradigmas de la transculturación operan en un escenario dominado por una estructura política bipartidista (justi-cialismo y radicalismo) que es mentora y ejecutora de las políticas que desembocaron en la crisis presente. Esa es-tructura política está muy lejos de producir las rectifica-ciones necesarias. El que crea un problema, difícilmente pueda darle solución, simplemente porque es parte del problema.

Ahora bien, supongamos que en algún lugar de nuestra sociedad existe el factor de cambio: ¿cuánto tiempo debería pasar para que se obtengan resultados? José Ortega y Gasset da la respuesta cuando afirma: "El pivote de la historia son las generaciones". Si comenzamos ahora, dentro de treinta o cuarenta años la Argentina dejaría de ser lo que es.[16]

El país hipotecado

El análisis de nuestra Argentina actual estaría incompleto si no abordáramos el tema del endeudamiento externo. El volumen alcanzado por la deuda y su crecimiento permanente como consecuencia del incremento de los intereses la tornan incompatible con la magnitud del PBI actual y con el ingreso de divisas por exportaciones de bienes y servicios.

Esto no es novedoso, y el asombro que hoy produce en algunos está injustificado. La situación actual era previsible hace ya más de veinte años, y en reiteradas oportunidades lo puse de manifiesto y alerté, además, acerca de las consecuencias que habrían de producirse. Reproduzco a continuación algunos párrafos de un artículo publicado en 1982 pero que conserva toda su vigencia. Una demostración de que en la Argentina las experiencias no se capitalizan y de que los errores, inexorablemente, traen consecuencias.

"La Argentina se encuentra en una situación límite en cuanto se refiere a su panorama económico y social. La violenta caída del salario real, fruto de un proceso inflacionario poco menos que incontenible, y el fuerte sostenimiento de las tendencias recesivas nos están llenando de desasosiego a todos nosotros, lo cual aumenta el sentimiento de frustración y pone en peligro verdadero la 'paz social'.

"Naturalmente, no es el presente el cuadro ideal por el cual se pueda desarrollar un proceso político que asegure la vigencia del objetivo primario que nos hemos

propuesto colectivamente y que es la institucionaliza-
ción del sistema democrático de gobierno.

"Formalmente, esto puede lograrse y no caben dudas
de que las elecciones de 1983 han de ser una realidad,
tal como lo ha anunciado el Excelentísimo Señor Presidente de la República. Pero no hay nada que asegure
que entonces, y hasta entonces, logremos el equilibrio
mínimo indispensable para asegurar el funcionamiento
de la sociedad sobre bases de convivencia más o menos
'estables'.

"Lo más que las elecciones han de asegurar es que las
autoridades dispongan de un consenso hoy ausente. Pero con ser mucho, esto no es todo, sobre todo cuando
el desempleo de los factores productivos y la inflación
continúan cómodamente instalados entre nosotros."

Tras incursionar en los desequilibrios cambiarios y fiscales y en la mecánica que, finalmente, nos llevaría a un alto grado de endeudamiento ya en 1984, en el artículo se
pronosticaba la posibilidad del *default* que se declararía
años después. Concluye de esta manera:

"[...] a través del elevado endeudamiento, los lazos de
la dependencia se han reforzado, y no me llamaría la
atención que surgieran propuestas para cancelar la deuda o parte de ella con la transferencia de activos reales
a los centros dominantes. Por ejemplo, algunas de las
empresas estatales o la explotación de los recursos no
renovables."[17]

Diez años antes de producirse la venta de las Empresas del Estado —incluyendo YPF—, en condiciones que hoy legítimamente se cuestionan, esto fue anticipado. Y puede descontarse que, de ahora en adelante, la presión se ejercerá con el objetivo puesto en nuestras tierras fiscales y nuestros parques nacionales, especialmente los de la Patagonia, dueños de cuantiosas reservas de agua potable.

Para tener una idea de la magnitud de la deuda y comprobar que en modo alguno sobrestimo sus consecuencias, veamos cifras recientes. Según el "Memorando de entendimiento" con el FMI firmado en enero de 2003, al 30 de junio de este año la deuda externa (incluyendo las provinciales) alcanzará los 650.000 millones de pesos. Al tipo de cambio estipulado en el Memorando, 3,85 pesos por dólar, ello equivaldría a 168.800 millones de dólares, es decir, 24.800 millones de dólares más respecto de junio de 2002. Ese monto es el 130 por ciento del PBI[18] y casi siete veces el volumen de nuestras exportaciones. Mientras escribo esto, el valor de mercado del dólar es de 2,90 pesos. Si el cálculo se hiciera considerando este valor, la deuda en dólares sería de 224.000 millones, 80.000 millones más que un año atrás, y equivaldría al 162 por ciento del PBI.

Los servicios de esta deuda consumen el 24 por ciento del gasto público y constituyen el mayor rubro presupuestario; confrontados con el 7 por ciento correspondiente al ejercicio 1994, proporcionan una idea clara del crecimiento exponencial del endeudamiento nacional.

Por otra parte, puede descontarse que la política exterior del presidente George W. Bush llevará a los Estados Unidos a un importante déficit presupuestario, tal como sucedió durante la presidencia de Ronald Reagan. Como consecuencia de la invasión a Irak, los Estados Unidos deberán acudir al mercado de capitales en procura de financiamiento, lo cual pondrá fin al período de bajas tasas de interés que todavía experimenta esa nación. Por lo tanto, crecerá el costo de los intereses de nuestra deuda; en nuestra situación, un punto adicional en la tasa resultará cada vez más difícil de sobrellevar.

Las cifras anteriores revelan que, en las condiciones actuales, la Argentina carece de posibilidades para asegurar el pago de esta deuda. Para afrontar esos compromisos las exportaciones deberían crecer de manera significativa y los contribuyentes tendrían que tolerar el consiguiente incremento de la presión tributaria para transferir los excedentes externos a los acreedores. El aumento de la presión tributaria sólo podría amortiguarse si se dieran dos condiciones: que el PBI creciera y que la incidencia en él del gasto público descendiera.

Este cuadro se complica si se tiene en cuenta que la extraordinaria fuga de capitales producida en el curso de 2002 provocó un verdadero colapso económico nacional. Ingresamos en un círculo vicioso en el que la incertidumbre genera fuga de capitales y realimenta la desconfianza, la iliquidez contrae fuertemente el crédito y hace caer la demanda interna, cae la producción y aumentan el desempleo y la exclusión social.

Al responder el gobierno con la confiscación de los depósitos bancarios y la declaración de *default* de la deuda, la desconfianza y la incertidumbre se potenciaron. Esa respuesta, sin embargo, satisfizo el reclamo de la mayoría de los políticos, que pensaban que no pagar implicaba un aumento de la demanda interna y la posibilidad de implementar políticas distribucionistas.

La ilusión se estrelló frente a una realidad que muestra que sin sistema financiero no puede funcionar ninguna economía capitalista, simplemente porque hay ausencia de crédito y porque los lazos con los centros financieros se cortan.

La caída económica se detiene cuando los capitales dejan de huir. El sistema se estabiliza a un nivel muy bajo, y hasta puede crecer un poco a partir del débil impulso de las exportaciones y la sustitución de importaciones. Es el argumento de quienes sostienen que con un tipo de cambio real alto el país gana competitividad. Frente a esto se plantean dos interrogantes: ¿durante cuánto tiempo se sostendrá el tipo de cambio real alto?, ¿basta con tener un dólar caro para crecer?

Una estructura de precios relativos con sesgo exportador es una condición necesaria, pero en modo alguno es suficiente. También debe existir una corriente continua de inversiones, pero para que ésta se sostenga hay que acudir al ahorro interno y al externo. Después de la confiscación de los depósitos, de la declaración de *default* y el cuadro de anarquía, el ahorro y la inversión son, en lo inmediato, una quimera, así como el consumo, reducido por el deterioro salarial.

En tales condiciones sólo queda como fuente de financiamiento el ahorro de las empresas, que, en términos generales, se circunscribe a aquellas que produzcan bienes exportables. Pero, si se considera además que la política impositiva ha fijado retenciones a las exportaciones e impide el ajuste de los balances del ejercicio 2002 por los efectos devaluatorios, el aporte que esas empresas pueden hacer es reducido.

Del equilibrio monetario interno depende la evolución del tipo de cambio y de la tasa de interés, pero, como ya se dijo, las variaciones en los mercados financieros internacionales se introducen en nuestra economía e inciden sobre el costo de la inversión. Hoy somos mucho más dependientes que hace tres décadas.

Aquí aparece una de las mayores vulnerabilidades de nuestra economía. Es posible que el escenario geopolítico internacional cambie a causa de la posición imperial estadounidense. ¿Cuál ha de ser nuestra inserción en el nuevo contexto? ¿Cómo será considerado un país que prácticamente no existe para la comunidad internacional, un país que hace un siglo irrumpió con fuerza en el mundo y que, al cabo de cien años, está sumido en una neurosis colectiva que paraliza sus fuerzas?

Debemos reiniciar ahora nuestro camino. Para que esto sea posible, debemos hacer que nuestra cultura renazca, recuperar la ética que nos caracterizó, eliminando la corrupción y refundando el orden político. Ese nuevo tiempo no se concretará a partir de la economía sino de la Política Grande.

Capítulo 2

La corrupción

Manifestación cultural

Si aceptamos que cultura es "el conjunto de manifestaciones y creencias en que se expresa la vida tradicional de un pueblo", pocas dudas caben de que la corrupción en la Argentina forma parte de nuestra cultura. Su presencia ha alterado nuestras conductas y es la causa excluyente de nuestra frustración como país, ya que, al igual que un sarcoma, se ha extendido como metástasis sobre el tejido social y nos ha paralizado.

La corrupción también existe en otras latitudes.[1] Entre nosotros se difundió durante la Colonia, a raíz del contrabando, comenzó a agravarse en 1930 con las medidas intervencionistas del Estado, y adquirió carácter patológico a partir de marzo de 1976 con el inicio de la última experiencia neoliberal, que perduró hasta principios del 2002.

Algunos célebres ejemplos de la falta de ética pública han sido las coimas recibidas por ediles porteños en 1936 para prolongar la concesión de la CHADE (Compañía Hispano Argentina de Electricidad) y la CIADE (Compañía Ítalo Argentina de Electricidad), la estafa al Estado revelada por Lisandro de la Torre en 1935 durante el debate en el Senado referido a las exportaciones de carnes, el negociado relacionado con la compra de terrenos para el Colegio Militar en El Palomar (1940), el vaciamiento de las cajas de previsión (entre los años 1952-1954), el dispendio de reservas internacionales a través de instituciones como el recordado IAPI (Instituto Argentino de Promoción del Intercambio, creado en 1946), el manejo arbitrario del comercio exterior por medio de permisos previos de cambios y tarifas de importación (1946-1955) y, en el mismo período, la manipulación del crédito instrumentada por el Banco de Crédito Industrial. Todos estos actos fueron verdaderos regalos para los grupos beneficiados, y constituyen algunos de los hitos que pueden señalarse en el camino hacia la "democratización de la corrupción" que tuvo lugar más tarde y que alcanza su cenit en el presente. Como el argentino se destaca por su picardía —denominada "viveza criolla"—, bastó con que se dieran las condiciones institucionales para que todos y cada uno, de una manera u otra, encontraran en la corrupción una fuente adicional de beneficios. Pero este juego no ha sido de "suma cero", porque a la postre todos resultamos perjudicados.

Al tener que dedicarse a cumplir funciones para las que no estaba preparado, el Estado empezó a ser "utilizado" por quienes lo consideraron un instrumento apropiado del cual se podían sacar ventajas, y comenzó a alejarse de la función estratégica que le es propia. La corrupción de los funcionarios públicos es un secreto a voces porque casi nunca tratan de ocultar los bienes mal habidos; más bien, exhiben sus pertenencias para que se los conozca y envidie. Sobran ejemplos al respecto. Esto ocurre también con quienes, sin ser funcionarios públicos, lucran con prebendas y privilegios que reciben del Estado.

Terminar con la corrupción es una de las demandas más fuertes de la sociedad, habida cuenta de que se han sobrepasado los límites de lo tolerable, no sólo por razones morales, sino por los costos que impone al desenvolvimiento de las actividades ciudadanas. El "diezmo" o "el quince" son expresiones familiares cuando se quiere hacer efectivo un cobro al Estado o el cargo por ganar una licitación.

Es por intermedio del Estado que se ejerce el poder político, cuya finalidad es delinear un proyecto nacional que fije nuestros objetivos y la forma de alcanzarlos. Si esto no se logra, como viene sucediendo desde 1976, el país pierde dinamismo. Por eso, en el plano geopolítico, hemos perdido todos los conflictos, armados o no, en los que hemos estado involucrados, para convertirnos en un "país moribundo". Al carecer de una conducción política capaz de encabezar acciones estratégicas, la sociedad perdió su dinamismo. En el marco de incertidumbre que vivimos hoy, el largo plazo no existe y el corto plazo se mide apenas en días. Esto es así porque los objetivos de quienes detentan el poder no trascienden sus períodos de funciones.

Como el proceso de incorporación de prácticas corruptas avanzó paulatinamente y no fue generalizado, no afectó totalmente el crecimiento potencial de la economía, pero la inflación, que es una de las manifestaciones más destacadas de la corrupción, produjo el abandono del esfuerzo y lo reemplazó por el de la especulación. Entre 1930 y 1976, la corrupción dejó de ser una práctica delictiva marginal y empezó a manifestarse en el andamiaje institucional. La violación sistemática de la Constitución Nacional fue la máxima expresión de desvío cultural. Los golpes militares y una prolongada proscripción del principal movimiento político abrieron las puertas a dudosas justificaciones judiciales en el manejo de las instituciones públicas, porque el Supremo Tribunal de la República se convirtió en un apéndice del Poder Ejecutivo. Así, decisiones contrarias al interés general e incompatibles con el funcionamiento eficiente de la economía no son pasibles de sanción alguna.

Avalar verdaderos atropellos constitucionales forma parte del sistema, que facilita la discrecionalidad y la acción corrupta de legisladores y jueces. Son ejemplos de ello el uso más que abusivo de los decretos de necesidad y urgencia, la conversión en letra muerta de derechos ciudadanos elementales a través de decisiones relacionadas con impuestos o con reducciones salariales adoptadas *manu militari*, los trámites seguidos respecto de la deuda pública o la falta del ordenamiento referido a la Coparticipación Federal. Numerosas leyes, y aun artículos de nuestra Constitución —como el 14 y el 14 bis—, han sido prácticamente vaciados de contenido. Estos ejemplos y muchos otros forman parte del enclave de la corrupción.

Esto es resultado de una visión economicista que pone el acento en el crecimiento económico —que no debe confundirse con desarrollo económico— y el avance de las finanzas como ejes centrales de su contenido, del cual están ausentes el desarrollo político y el apuntalamiento de la cultura, elementos sin los cuales esa visión carece de legitimidad. Esta forma ingenua de operar sobre los problemas del país desconoce que los instrumentos de política económica quedan desvirtuados por la presencia de la corrupción, a punto tal que este delito difícilmente tiene castigo cuando lo cometen funcionarios públicos, y cuanto más se eleva la categoría del que la practica, mayor es la dosis de impunidad. El presidente de la República ocupa el vértice de la pirámide.

Crisis de valores

La crisis de valores se difunde y, en el ejercicio de la autodefensa, cada individuo, cada sector, se sienten legitimados para ingresar en el escenario de la corrupción, se convierten en autistas y, de ese modo, contribuyen a la disgregación social. Se pierden los valores, escasean los juicios críticos, los medios de difusión van ocupando el lugar del cerebro, porque ya no hace falta pensar: otros lo hacen por nosotros.

Entramos en la civilización de la informática olvidando que la civilización es un estadio de la cultura y que, por lo tanto, ésta es previa a aquélla. Al adoptar la cultura "occidental y cristiana" renunciamos a la nuestra, nos transculturizamos, es decir, nos civilizamos adoptando otra cultura: la norteamericana. En el mejor de los casos, puede decirse que incorporamos otra cultura a la nuestra, pero esto se define como "dualismo cultural", que nos lleva hacia el camino de la "discordia social" provocada por el choque de ambas culturas.

La corrupción sigue desarrollándose en el marco de la pérdida cultural y se hace contemporánea con la ausencia de identidad nacional, la falta de moral y la pérdida de nuestros hábitos sociales. El reemplazo de estos valores es lo que se entiende por predominio de la civilización del siglo XX, esto es: la modernidad, el progreso tecnológico, la competitividad y los conflictos consiguientes.

Creemos que la cultura es un simple ejercicio intelectual, sin comprender que sin moral y sin confianza en nosotros mismos, al tiempo que se debilitan las instituciones, no hay ejercicio posible de la política, y sin política no puede haber economía. Es necesario destacar que la antítesis de moral es inmoral, que es lo mismo que decir corrupción.

El verdadero drama queda en evidencia ante el interrogante que nos planteamos los argentinos frente a cada cambio de gobierno. No nos interesa saber quién será designado ministro de Justicia, o de Educación, pero sí nos preguntamos quién estará al frente del Ministerio de Economía. Si no hay una fuerza que reencauce nuestros valores culturales, no puede haber sistema político alguno que reemplace el actual, obsoleto y corrupto.

Naturalmente, el ejercicio de la corrupción sólo es posible cuando se tienen medios, de modo que los "menos corruptos" son aquellos que menos tienen, los que acuden a ella por verdadera necesidad de supervivencia. Se trata de actos de delincuencia menor, porque carecen de estatus para ser calificados de corruptos.

Como ya se dijo, la corrupción alcanza el carácter de endemia a partir de marzo de 1976, con la instrumentación de políticas económicas fundadas en la ideología neoliberal, que consolidan claramente el predominio de los grandes grupos económicos y facilitan un proceso de endeudamiento externo que nos marca de manera indeleble a partir de entonces. Éste puede ser considerado el más sofisticado de los instrumentos de la corrupción institucionalizada, esa que se ejerce "con guantes blancos" y se materializa en lujosas oficinas dirigidas por personajes con apellidos de prosapia. Hasta el menos avisado sabe que detrás de esos créditos y de esas renegociaciones existen jugosas comisiones, naturalmente, a costa de la sociedad.

Es el período, aún inconcluso, en el que los intereses económicos se anteponen a los del conjunto de la sociedad y en el que los hombres de negocios comienzan a acumular un extraordinario poder político. La respuesta del Estado a las malformaciones que se producen en el terreno social resulta ser la contraindicada, ya que ofrece como única solución la profundización de la ideología vigente, las pautas consumistas de bienes provistos por la empresa privada, el privilegio de las finanzas y —paradójicamente— su propio repliegue.

La sociedad queda así absolutamente desprotegida y, de a poco, se vacía de contenido el sistema democrático representativo, porque aquellos que tienen la obligación de proteger al ciudadano siguen los dictados del orden económico iniciado en la década de 1970 y que se materializa bajo la influencia de los organismos multilaterales de crédito. Muchas veces, esa actitud de los gobernantes es interesada; en la hipótesis menos descalificante, lo hacen para obtener "fondos para el financiamiento de actividades partidarias", eufemismo utilizado para esconder el término "coima".

Esa ideología alcanza el apogeo en la década de 1990, más precisamente a partir de abril de 1991, y perdura hasta el presente. La elevación del mercado a la categoría de dogma y la condena a todo cuanto sea intervención estatal para establecer límites y reglas de juego a las corporaciones son las causas del auge de la corrupción en nuestro país.

Su fuente más importante fue el endeudamiento externo, que, con José A. Martínez de Hoz, fue orientado primero a las empresas públicas, las cuales más tarde serían privatizadas, luego de crearles las condiciones para demostrar su inviabilidad. Es decir, primero fueron destruidas y luego se racionalizó su ineficiencia. Esto quedará en nuestra historia como una verdadera depredación de nuestro patrimonio público.[2] La ideología bastó para funcionar como paraguas protector de la corrupción, centrada en todas y cada una de las empresas públicas. Esto no debe interpretarse como un argumento antiprivatizador; lo que aquí se critica son decisiones que carecieron de ética.

El caso de Yacimientos Petrolíferos Fiscales (YPF) es paradigmático, no sólo por la dudosa cotización de sus acciones —que le granjeó pingües ganancias a la financiera intermediaria— sino también porque Repsol, la adjudicataria de YPF, sigue pagando las mismas regalías exiguas que, con criterio político, el Estado le había fijado a la petrolera estatal.

Las comisiones a que dan lugar los créditos internos y externos y sus refinanciaciones, las privatizaciones con la intervención de personeros de las finanzas internacionales (representados por estudios vernáculos), la debilidad de los entes reguladores y de seguimiento de esas operaciones, la ausencia de controles en áreas clave como la explotación de hidrocarburos, la falta de vigilancia sobre el sistema financiero, el manejo dispendioso del gasto público, los "créditos atados" y sujetos a la intervención de auditorías y burócratas internacionales, la justicia que hace caso omiso de las irregularidades y se convierte en corresponsable, el vaciamiento de los depósitos bancarios por medio de la colocación de bonos públicos y de créditos que —en no pocos casos— fueron girados al exterior, la verdadera estafa que significó la salida traumática de la Convertibilidad, la venta de armas a países en conflicto (donde éramos garantes de la paz)... todo esto se inscribe en un proceso de corrupción en el que no aparecen culpables, aun cuando la opinión pública conoce sus identidades. Igual consideración merecen el contrabando de oro o los contratos de IBM con el Banco Nación y la DGI. Pese a que estos casos se encuentran en la justicia, las causas se tramitan con una lentitud exasperante.

Finalmente, no se puede dejar de mencionar los verdaderos vaciamientos de los bancos Nación y Provincia de Buenos Aires por medio de créditos concedidos sin respaldos suficientes y que terminan siendo incobrables, como si la banca pública fuera coto privado de caza de los políticos de turno. Por supuesto, esto sirve como argumento para los detractores de la banca pública, que impulsan su privatización.

Pero corrupción no es sólo sinónimo de "coima". Fuera del marco de la economía, no puede ignorarse la falta de resolución de casos que tiñeron de sangre a los argentinos: los atentados a la Embajada de Israel y a la sede de la AMIA, cuyos autores todavía no han recibido castigo. En estos hechos la corrupción interviene en los procedimientos y en la lentitud registrada para establecer justicia.

Por el alto grado de corrupción al que hemos llegado, no puede extrañar que, en un mundo donde el progreso tecnológico ha logrado avances impresionantes, la desigualdad, el desempleo y la pobreza constituyan la característica básica del momento actual en la Argentina. El tan prometido "efecto derrame" que debía seguir al crecimiento económico no se ha producido y, peor aún, nunca se producirá, porque poder político y poder económico son términos fuertemente vinculados. Nadie legisla en contra de sus propios intereses. La Argentina certifica la veracidad de este juicio, ya que la mayoría de nuestros representantes, al momento de aprobar las leyes, dejan de lado los intereses de quienes representan para obedecer aquellos que les son propios, y de los grupos dominantes.

Con verdadero cinismo, se vierten expresiones como ésta: "Si dijera cómo voy a gobernar, nadie me votaría", que luego la ciudadanía acepta como si fueran las reglas de la democracia. Dicho de otro modo, el engaño no se perpetra en el poder sino que forma parte de la estrategia para llegar a él: el fin justifica los medios. La afirmación popular "Prefiero a Fulano porque roba pero hace" revela hasta qué punto la sociedad ha quedado presa de la trama tejida por la corrupción.

La flexibilización laboral y la reducción de los aportes previsionales también son muestras de corrupción. La justificación para esos procedimientos es la necesaria competitividad, que, de este modo, se basa en la caída de los ingresos populares y en la pauperización de la sociedad. La contrapartida está constituida por las ganancias de las multinacionales y de los funcionarios corruptos,[3] y de los pocos argentinos que encuentran ubicación en tales empresas. En cuanto a las pérdidas, corresponden a los excluidos del círculo del poder y del proceso productivo; son éstos los que integran "la corte de los milagros" argentina.

Desde cualquier ángulo que se analice, la Argentina, lamentablemente, es uno de los países más corruptos del mundo, y aunque esto no llame la atención de quienes somos partícipes y actores comprometidos en esta triste realidad, no podemos soslayar la importancia de una consideración tan desfavorable en el orden internacional. Afirmar que se es corrupto es lo mismo que decir que no se es confiable, y mientras no exista confianza, no habrá crédito para la Argentina. Sin crédito no habrá inversiones, ni crecimiento, ni empleo, ni bienestar. Sin crédito no hay esperanzas de mejorar.

Cómo nos ve el mundo

En el último "Índice de Percepción de Corrupción",[4] la organización Transparency International ubica en el primer lugar a Finlandia con 9,7; el Reino Unido tiene 8,7; los Estados Unidos, 7,7; Chile, 7,5; Brasil y Perú registran un índice de 4; Colombia y México, 3,6; El Salvador, 3,4, y la Argentina ostenta un índice de 2,8.

¿Por qué ocupamos ese puesto, si, como ya se dijo, en todos los países hay oportunidades para el ejercicio de la corrupción? Porque tenemos un Estado corrupto, corruptible y corruptor. En nuestro país, el interés del conjunto es subalterno respecto del interés de las personas o grupos que se benefician de la arbitrariedad con la que los funcionarios cumplen sus responsabilidades.

Existe la creencia generalizada de que son las regulaciones las que posibilitan el discrecionalismo oficial para arbitrar en la distribución de la renta en favor de unos y en contra de otros. Pero, además, la redistribución también puede llevarse a cabo de múltiples formas, tantas como las que se puedan imaginar en el manejo de los impuestos, del gasto público, de las pensiones y jubilaciones, de los planes de asistencia social, de las licitaciones y adjudicaciones, de permisos y habilitaciones de todo tipo, etcétera. Más que una economía regulada, la de nuestro país es una economía seriamente manejada.

Los argentinos ya hemos aprendido a vivir en este ambiente y la ecuación costo-beneficio prevalece en todas nuestras actividades, se trate de una liquidación de impuestos o de la tramitación de un certificado falso de defunción.[5]

En términos económicos, la experiencia indica que la Argentina ha sido y es explotada como si se tratara de una mina, de la cual sacan ventajas los administradores, los administrados y, sobre todo, los grandes grupos económicos. Éstos operan "al por mayor" porque son pocos y tienen gran poder económico; al ser maestros de la corrupción, producen a su alrededor una fuerza que atrae a los corruptos y a los corruptores. Es el caso de las empresas prestadoras de servicios públicos, las petroleras, los bancos, los laboratorios medicinales y las obras sociales, entre otros.

Siempre negocian precios y condiciones de producción que inciden sobre una demanda y una oferta verdaderamente cautivas. Y se trata de negociaciones millonarias.

Las leyes y reglamentos que permiten el ejercicio exitoso de tales prácticas no son otra cosa que un excelente vehículo para perfeccionar la corrupción. Así sucede, por ejemplo, con las recurrentes disposiciones de bloqueos fiscales, moratorias y blanqueos. El que aguarda el paso del tiempo siempre le gana al que, como buen ciudadano, cumple celosamente las normas. Las licitaciones son confeccionadas para que gane "el caballo del comisario"; los requisitos para otorgar créditos son inexistentes para los amigos y los socios del poder.[6]

Este sistema produce "el cansancio del bueno" y así, como una metástasis, la corrupción nos alcanza a todos. Deberán pasar muchos años hasta que alcancemos la imagen de seriedad que hoy ostenta Chile, por ejemplo. Al llegar a la frontera entre ese país y la Argentina, el viajante encuentra, del lado chileno, agentes impecables, serios, amables y honestos, mientras que del lado argentino cualquiera sabe que no son pocos los casos en los que hay que poner algún billete dentro del pasaporte antes de entregarlo.

La mayoría de nuestros funcionarios estatales no son prestigiosos y tampoco están prestigiados. Esto es así porque los mejores se deben alejar de un sistema que no es meritocrático, y porque además no existen suficientes controles sobre las áreas estatales; en un medio inmoral, discrecionalidad y falta de controles no pueden dar otro resultado que el que hoy vemos. Así como el Estado es una fuerza que repele la excelencia, ahora el país obliga a los jóvenes a buscar otros horizontes en el exterior. Por todo esto pagamos el precio de la vergüenza nacional que supone recibir dádivas de quienes se conduelen de nuestra situación; somos tratados como a mendigos y países como España organizan colectas para ayudar a nuestros niños que mueren de inanición.

El orgullo nacional se subleva frente a tamaña *capita diminutio* para un país al que le sobran aptitudes para ser distinto y mejor que esta miserable pintura de hoy. Aparecen bolsones de miseria por doquier; muchos padecen hambre en un país donde se cosechan setenta millones de toneladas de granos y cuya exportación de productos pesqueros (sin contar la depredación) supera largamente la de carnes. Estamos sumidos en el atraso pese a poseer tecnologías de punta, las cuales descartamos —sin compensación alguna a cambio— por imposiciones externas, como ocurrió con el Proyecto Cóndor.

En un escenario como el argentino no hay fórmula que mejore el clima de corrupción. Entre las que se propician están aquellas que, de manera simplista, proponen como salida —alternativamente— una economía abierta o una economía cerrada.

Es cierto que una economía cerrada permite al Estado tomar decisiones discrecionales que pueden dar lugar a rentas de privilegio y coimas. La evidencia demuestra que hay una alta correlación entre falta de competencia internacional, corrupción y control económico-político de grupos monopólicos y oligopólicos. No se trata sólo de la preservación del mercado doméstico, sino también de la posibilidad de liquidar impuestos sobre bases inequitativas.[7] Pero quienes argumentan en contra de la economía cerrada pasan por alto que en los países de economía abierta abundan los subsidios y los privilegios, de modo que en ellos también interviene el Estado, aunque de un modo más sutil y siempre subordinado a los intereses nacionales. Nosotros, en cambio, tenemos un mal Estado que favorece la desnacionalización de la economía.

Puesta en sus justos términos, la cuestión no radica en el grado de apertura de la economía sino en la existencia de un Estado con sentido nacional, que imponga reglas de juego justas e iguales para todos, privilegiando siempre los intereses nacionales.

Rentas de privilegio

Llegados a este punto, vale la pena insistir en que la coima es una manera de distribuir los beneficios empresarios que se originan en decisiones públicas. Para que la coima exista es necesario que esas decisiones públicas favorezcan la generación de "rentas de privilegio".[8]

Para terminar con este mecanismo es necesario efectuar modificaciones en el sistema electoral vigente, que limita el control sobre los legisladores, e independizar el Poder Judicial del poder político. También es necesario transparentar la función de los medios de comunicación, que sirven de soporte para corruptos y corruptores —por lo que también deben ser calificados de corruptos—, para que cumplan con su función social. Hoy, el establishment los utiliza para difundir sus puntos de vista entre la población con el fin de que ésta se identifique con sus intereses. Es así como se fortalece el "pensamiento único".

La falta de transparencia en el financiamiento de la política da lugar a la existencia de "incentivos" a los que responde la mayoría de la clase política, con muy contadas y honrosas excepciones.[9] La habilidad de algunos políticos para modificar el escenario donde actúan es ilimitada, y para lograr lo que quieren no apelan a sutilezas de ningún tipo. El resultado es mayor corrupción y menor calidad política, que es lo que venimos padeciendo.

Nuestro país no podrá emprender el camino que lleve a la recuperación —no sólo económico-social sino también geopolítica— si no elimina de raíz la corrupción. La dimensión de este problema es superlativa, porque no se trata solamente de actitudes individuales o colectivas. Atañe a la cultura perdida, a la redefinición de las funciones del Estado y a la calidad de quienes lo integran. Así las cosas, estamos frente a un verdadero dilema: ¿de dónde saldrán los ciudadanos que mejoren la política y que hagan que las decisiones públicas se tomen en función del interés general y no de la partidocracia?

Ninguno de los políticos que llevaron a la República Argentina a la situación en la que se encuentra podrá solucionar los problemas que padecemos. Sus ideas y prácticas son viejas para un país urgido por recomponer su tejido social y donde las demandas por mayor equidad son perentorias y cada vez mayores. El predominio del discurso económico seguirá esterilizando la suerte del país.

Lo expresado no debe ser interpretado como una actitud opuesta a la actividad política. Muy por el contrario.

Sucede que nuestros delirios de grandeza nos llevan a la intolerancia, a la nostalgia del orden y a tratar de encontrar jefaturas autoritarias. Es en la arena democrática donde se debe luchar contra la corrupción. Debemos prestar siempre atención a que nuestras ilusiones no sirvan de vehículo para anular el camino que venimos transitando desde 1983. Es, ciertamente, un camino difícil, sinuoso, pero si lo recorremos con paciencia, será el único que nos asegurará el éxito.

Capítulo 3

Los políticos y la política

Poleas de transmisión

La corrupción es un componente perverso de la cultura. Si bien su aparición en toda organización humana es altamente probable, el carácter endémico que este mal adquirió en la Argentina a partir de marzo de 1976 lo convierte en una verdadera tragedia nacional. Esto no significa que antes estuviera ausente; como se dijo, ya en la época colonial la práctica del contrabando era habitual. Pero las manifestaciones que tuvo a lo largo de los últimos dos siglos nunca alcanzaron la envergadura que tiene en la actualidad.

Veamos ahora de qué modo los políticos y el ejercicio de la política funcionan como "poleas de transmisión" de la corrupción en nuestra sociedad.

En toda sociedad existen grupos de ciudadanos que, reunidos en lo que se conoce como "partidos políticos", aspiran a imponer sus puntos de vista en la dirección de los destinos de la Nación, para lo cual deben acceder al poder. Éste y no otro es el fin de los partidos políticos.

Naturalmente, y conforme a la naturaleza humana,

cuando se trata de imponer ideas o programas existe una motivación de tipo social, pero cuando lo que se procura es obtener beneficios en forma de prebendas, reconocimiento, prestigio o aun de tipo altruistas,[1] la motivación es de orden personal. Una vez concretadas la integración territorial y la consolidación de la República en torno de las instituciones que le son propias, la finalidad de los partidos políticos y de quienes los integran es influir sobre las cuestiones públicas. Se busca el poder, para luego dominar las instituciones y actuar con legitimidad sobre ellas.

Como señala correctamente Max Weber, la dominación "es un caso especial de poder" y en modo alguno supone, necesariamente, una actitud proclive a buscar la satisfacción de intereses económicos. Sin embargo, es necesario reconocer que el acceso a los bienes y al poder económicos es consecuencia deliberada del control del Estado "y uno de sus más importantes medios".[2]

Obviamente, el gobierno y el Estado funcionan sobre la base del "principio de la dominación"; carece de sentido creer que se puede acceder al manejo de la *res publica* sin el ejercicio de la autoridad. En nuestro país, ese ejercicio debe realizarse dentro de las pautas del sistema democrático, que indican, básicamente, que todos los ciudadanos tienen el derecho de participar en la administración de la sociedad, y que la discrecionalidad en el ejercicio del poder está limitada por el funcionamiento de las instituciones. Dicho de otra forma, hay "igualdad" pero también hay "límites".

Sin embargo, a pesar del principio de igualdad y de los límites para la discrecionalidad, no todos los ciudadanos as-

piran al ejercicio del poder. Es por esto que el sistema se torna inestable, porque aquellos que se dedican al ejercicio de
la política lo hacen porque disponen de tiempo, porque sus
ingresos en la vida privada son magros y buscan en la política una fuente alternativa o, simplemente, porque están
motivados por el bienestar de sus semejantes.

Un simple cálculo que evalúe los costos y los beneficios
indica que, para aquellos que disfrutan de una posición
económica sólida y disponen de ingresos altos, integrar el
Estado les supone pérdidas en términos patrimoniales, de
rentas y de sacrificio personal, y ganancias relativas exclusivamente originadas en el reconocimiento público de su
contribución desinteresada al bien común. Como es sabido
que en la función pública se pierden amigos y se ganan ene-
migos, el balance final sólo registra en el "haber" la satisfacción por el deber cumplido.

Para quien no tiene patrimonio y dispone de una renta
baja, ese cálculo es radicalmente distinto. Esta clase de individuos abunda en la administración pública; son los que,
además de darles a sus funciones un toque de mediocridad
operativa, abren las puertas al ejercicio de la corrupción,
porque abrazaron la actividad política, precisamente, para
"pasar al frente" junto con su familia y sus amigos.

La experiencia indica que si se tienen pocos escrúpulos
y una dosis elevada de irresponsabilidad es posible hacerse
de una más que cómoda posición económica (y, en no pocos casos, reencauzar la vida sentimental). Es ilustrativa la
marcada predisposición de esos individuos a la exposición
en los círculos de la farándula y del *Jet Set*, lo cual revela
su escala de valores. Es, además, una manera ciertamente

cómoda y conveniente de elevar su rango social ante aquella opinión pública más influenciable por hechos que por ideas, consumidora de revistas "de interés general". La posesión de fortuna, con la vanidad y la frivolidad que caracterizan a los "nuevos ricos de la política", es expuesta de una manera que agravia a los contribuyentes.

En su nueva y agradable vida pública, es frecuente que estos personajes confundan los bienes del Estado con los propios[3] y hagan gala de una ostentación que no se compadece con sus recursos personales.

El objetivo es permanecer

Los políticos se alejan paulatinamente de sus responsabilidades hasta que su único objetivo es "permanecer". Es numerosa la evidencia que demuestra una gran habilidad para mantenerse en la función pública. Algunos persiguen el disfrute de las ventajas del poder, otros lo hacen para conservar sus fueros y quedar así más allá del alcance de la justicia. De la gobernación pasan al ministerio, la embajada, el Senado o la Cámara de Diputados. Lo mismo sucede, a nivel municipal, con intendentes, secretarios, concejales y consejeros escolares.

Si aparece alguna diferencia programática con la estructura partidaria y, en consecuencia, surgen obstáculos para la permanencia en las funciones públicas, quedan los recursos de cambiar de partido político o de formar una agrupación propia. No son pocos los candidatos y funcionarios que a lo largo de su trayectoria formaron parte y defendieron las propuestas e ideales de agrupaciones con programas distintos y aun opuestos.

Para los ciudadanos, obligados a elegir a sus representantes, es importante destacar que un principio básico para el funcionamiento de la democracia representativa es que los políticos "vivan de y para la política". Esto es, con la asignación que se les fija por las funciones públicas que desempeñan, o con sus propios recursos cuando no están en funciones. La regla "se ha de vivir de y para la política" debe ser observada y controlada celosamente por representantes y representados.

Pero, como ya se dijo, las condiciones para la aparición de prácticas corruptas se producen cuando sólo "se vive de" la política; el ejercicio de tan noble actividad se torna entonces ilegítimo, porque en ese caso la motivación que tiene el político es su interés personal. De ese modo, se posterga la lealtad hacia los electores para seguir los dictados del interés propio y el de los asociados, lo cual se concreta mediante la práctica del amiguismo, el clientelismo político y el nepotismo, a punto tal que los funcionarios llegan a considerar que el poder político adquirido es un "bien ganancial", de modo que sus consortes tienen derecho a disfrutar de sus beneficios. Las presidencias de Menem, De la Rúa y Duhalde constituyen claros ejemplos al respecto por la cantidad de familiares que ocuparon cargos públicos merced al único mérito de sus lazos de sangre, directos o indirectos.

Otra puerta de entrada a la función pública es la conocida "lista sábana", muy criticada pero nunca suprimida como práctica de la vida política argentina. Ciertamente, la lista sábana opera como un verdadero monopolio de la partidocracia para acceder al poder. Es que, en la actualidad, nadie en nuestro país puede iniciarse en la política partidista si no cuenta con un "padrino", que es quien mide el grado de lealtad del aspirante.

Más que partidos, algunas agrupaciones políticas parecen hermandades, con reglas de juego parecidas a las de la mafia. En ellos, el afiliado que se alzara contra sus jefes no tendría oportunidad de defender sus argumentos de manera democrática; sería anatematizado y "sacrificado en el altar de la Santa Inquisición partidaria".

Padrinazgo y lealtad —corto camino a la complicidad— son los elementos distorsivos de la democracia en nuestro país y, a la postre, los que inician el camino hacia la corrupción que horada nuestras voluntades y provoca el estado de anomia que nos caracteriza. En esa relación espuria se encuentra el germen del amiguismo, el clientelismo y la complicidad política.

El sentido de la ética

Es en esta forma de hacer política donde se origina la falta absoluta de representatividad de los candidatos cuando acceden al poder, ya que su orden de lealtades se ha tergiversado totalmente y los votantes ocupan el último lugar. Ésta es la causa del incumplimiento generalizado de las leyes, porque las autoridades de las cuales emanan carecen de legitimidad moral, no sólo para hacer que se cumplan las normas establecidas sino también —lo que es peor— para imponer sanciones a los que las infrinjan. En algún momento serán resistidos por los votantes, que se sentirán traicionados en su confianza.

En este contexto de ilegitimidad se dictan leyes meramente declamativas, imposibles de aplicar; por ejemplo, el famoso impuesto para el "incentivo docente" impulsado por una ministra de Educación que ignoraba todo acerca de teoría y técnica impositiva, y aprobado "por disciplina partidaria". El resultado fue lo que muchos anticipamos: un verdadero "mamarracho".

Ríos de tinta y horas de radio y televisión se consumieron para discutir verdaderas necedades técnicas, como las leyes de Solvencia Fiscal y de Intangibilidad de los Depósitos (sancionada en medio de la más espectacular fuga de depósitos de la Argentina). Otro despropósito legal, discutido como si se tratara de la quintaesencia de la economía argentina, fue la Ley de la Factura Conformada; lo propio puede decirse de la Ley de Flexibilidad Laboral, que, por añadidura, dio lugar a un recordado escándalo en el Senado de la Nación. Así, podríamos abundar en ejemplos que revelan la existencia de una práctica que no es novedosa en la Argentina y que encuentra sus antecedentes en la histórica frase que pronunció Francisco Pizarro cuando recibió el decreto real que lo destituía de su cargo de Conquistador del Perú: "Se acata pero no se cumple". De allí heredamos el formalismo que concedemos a las leyes, que nadie cumple y que una justicia fuertemente influenciada por el gobierno de turno es propensa a desconocer.

Naturalmente, en nuestro pasado sobran ejemplos de quienes hicieron de la política un apostolado, y su recuerdo constituye un claro ejemplo para la ciudadanía. Entre

ellos puede mencionarse a la mayoría de quienes "hicieron
la Argentina": José de San Martín, Manuel Belgrano y los
próceres de la Independencia; los constitucionalistas de la
generación de 1837, con Juan B. Alberdi a la cabeza; Domingo F. Sarmiento, Adolfo Alsina, Carlos Pellegrini, Lean-
dro N. Alem, Roque y Luis Sáenz Peña, Juan B. Justo y su
esposa Alicia Moreau, Hipólito Yrigoyen, Elpidio González, Lisandro de la Torre, Alfredo Palacios, Arturo Frondizi, Ricardo Balbín, Arturo Illia y tantos otros que, más allá
de sus ideologías, dejaron una marca indeleble en la ciudadanía, porque todos ellos tuvieron un rasgo común: no se
sirvieron del Estado para adquirir prestigio y hacer fortuna.
Salvo contadas excepciones, murieron pobres y sólo dejaron como herencia su conducta.

Respecto del Movimiento Justicialista, guardo un pro-
fundo respeto por Ramón Carrillo, Alfredo Gómez Morales y Jerónimo Remorino, quienes integraron gabinetes ministeriales, pero quiero destacar que, pese a mis esfuerzos
de búsqueda y a las numerosas consultas efectuadas, no pu-
de incluir en el listado anterior ningún exponente de primera línea de esa fuerza política. Ciertamente, visto a la distancia esto constituye un motivo de preocupación, porque
es indudable que la influencia del justicialismo en los últimos sesenta años ha sido decisiva para el desenvolvimiento
económico-social de la Argentina, y lo será en el futuro. La
ausencia de nombres justicialistas en esa lista prueba que la
ética y la transparencia de quienes integran los cuadros conductores de esa fuerza no están en línea con el modelo de
comportamiento político que reclama una democracia seria. Este juicio, ciertamente negativo, no es óbice para reco-

nocer que se registraron, merced a decisiones políticas acertadas de gobiernos justicialistas, avances en el terreno de las reivindicaciones sociales y el reconocimiento de los derechos políticos de las mujeres, originados en las ideas de Juan D. Perón y de su esposa Eva Duarte. Pero el aspecto que he querido destacar no es el de los logros sino el de las conductas éticas y políticas.

La ausencia de ejemplos cívicos es una constante de los últimos treinta años, y es en esta ausencia donde se encuentra parte de las razones que explican el clima de corrupción que hoy sufre la República, porque las conductas que deben seguir los integrantes de cualquier organización deben ser difundidas por sus miembros más importantes. En la opinión pública prevalece un descreimiento total en los dirigentes políticos argentinos, y muchos consideran que, en lugar de liderar partidos, éstos conducen verdaderas bandas que sólo procuran el poder.

En definitiva, si bien la corrupción es una endemia mundial traída de la mano de la "globalización" (personalmente, prefiero llamarla "americanización"), en la Argentina tuvo como agentes motrices a representantes destacados de la ideología dominante, a la que se dedica un capítulo especial (véase el capítulo 5, "La invasión ideológica").

El costo de la política

El gasto político se encuentra en las partidas presupuestarias dedicadas a funcionarios políticos y funcionarios temporarios a nivel nacional, provincial, municipal y de organismos descentralizados de los gobiernos nacional, provincial y municipal. Esas partidas totalizaban 5394 millones de pesos en el año 2000.[4]

La cifra anterior no debe ser interpretada como la cuantificación del "costo de la política", toda vez que no incluye el desvío de una parte importante del gasto público social, que totaliza la suma de 61.609 millones de pesos y representa el 63 por ciento del Presupuesto Consolidado de 1999. Del total de 97.595 millones de pesos gastados en la República, los 5394 millones citados en el párrafo anterior sólo representan el 5,5 por ciento en promedio, lo cual les daría la razón a aquellos que expresan que "hay poco para bajar" en el gasto político. Sin embargo, esto merece una lectura más afinada.

En efecto, queda una "masa" presupuestaria del orden del 94,5 por ciento del gasto público que constituye el terreno de las decisiones políticas, y en ese monto hay lugar para un enorme escenario donde prevalece la corrupción, que hace que el gasto político "verdadero" se ubique entre 16.000 y 20.000 millones de pesos.[5]

Indudablemente, el país no puede soportar semejante peso muerto, el cual, por añadidura, introduce graves ineficiencias en el aparato productivo, al alterar las estructuras de costos e ingresos privados; porque es una verdad irrefutable que el "costo de la política" alguien lo paga.

Para comenzar, debe destacarse que en la Argentina hay 18.500 cargos electivos directos, a los que se añaden los indirectos (recuérdese que cada político electo "acomoda" a familiares, amigos y aliados).

Aquellos que, ingenuamente, sugieren apelar a "lápices

rojos" para recortar partidas, lo hacen desde una visión deformada de la realidad y, a veces, interesada en mantener el *statu quo*. El financiero es un aspecto de la cuestión, pero de lo que se trata es de modificar la estructura política en todos los niveles, reduciéndola y jerarquizándola. Quien propusiera y llevase a cabo estos cambios produciría una reducción de su propia base de sustentación. Y los políticos no serán capaces de tal iniciativa, porque no llegan al poder para abandonarlo.

El poder del político siempre está asociado con más gasto público. Más gasto es sinónimo de más personal, más recursos, más discrecionalidad para actuar, más prestigio, etcétera.[6] Sabedor de esta realidad, el funcionario, lejos de socavar su piso, tratará de aumentarlo. Ésta no es una tarea difícil; depende de las necesidades del "padrino" y de la propia habilidad. La alta demanda de cargos en las áreas de Previsión y Asistencia Social, que incluso se reparten durante los acuerdos entre los máximos dirigentes políticos, no es una casualidad.

En el Congreso de la Nación hay 257 diputados y 72 senadores. Pocas dudas le caben a la ciudadanía de que sobran, al menos, 80 diputados y 23 senadores. Basta asistir a las reuniones de comisiones y a las plenarias para tener una idea de la productividad de nuestros representantes. Y si no se dispone de tiempo para ir al Congreso, repasar el libro de asistencias es suficiente para tener una idea del destino del dinero de los contribuyentes.

Lo mismo ocurre en las provincias, que, en conjunto, mantienen 246 senadores y 939 diputados. Y aunque parezca de nivel menor, el caso de los municipios es paradigmático, ya que en 1163 intendencias hay 6455 concejales, con su inevitable corte de asesores.

Con ser importantes *per se*, los números indicados deben complementarse con un análisis cualitativo, ya que, en general, la administración pública se integra con personas de escasa capacitación. A la hora de resolver políticas de personal, las exigencias de calidad no existen.

Acuda el lector a cualquier intendencia o legislatura provincial y podrá formarse una idea de lo que debe hacerse para poner nuestra República a tono con las exigencias de la hora en materia de decisiones. Basta ver el desorden generalizado de las oficinas, el desaliño de los burócratas, la suciedad, y la subestimación que se hace del público, que no disfruta de consideración alguna.

Las conocidas listas sábana conllevan, en la práctica, la existencia de individuos que ocupan sus cargos durante más de diez años sin haber ganado nunca una elección por mérito propio. Y esto ocurre en todo el país, incluyendo el Congreso Nacional, algunos de cuyos legisladores poseen un nivel de formación tan escaso que no se comprende por qué ocupan una banca.

En democracias como la inglesa y la alemana, los legisladores —normalmente de buenos antecedentes— sólo tienen derecho a un colaborador y una secretaria, ya que los demás servicios les son provistos por el bloque respectivo. Asimismo, la representación que invisten está relacionada con las posibilidades económicas de la región que representan, aspecto que en la Argentina no es tenido en cuenta.

Algunos ejemplos lo certifican.[7] Baviera (Alemania), cuyo presupuesto legislativo es de 54,3 millones de dólares, tiene 204 legisladores y una población de aproximadamente 12.155.000 habitantes, es decir que cada legislador cuesta 266.716 dólares al año y representa los intereses cívicos de 59.583 personas. En la provincia de Formosa, en cambio, el costo de cada uno de los 30 legisladores es de 1.900.000 dólares al año, y cada uno de ellos representa a 16.800 habitantes. La economía de Baviera es 156 veces superior a la de Formosa.

Cataluña (España), con 6.134.000 habitantes, tiene un presupuesto legislativo de 23,1 millones de dólares, y el costo por legislador, que representa a 45.776 habitantes, es de 172.388 dólares al año. En la provincia del Chaco, cada legislador cuesta 1.200.000 dólares al año y representa a 29.750 habitantes. La economía de Cataluña es 34 veces superior a la del Chaco.

Carolina del Norte (Estados Unidos) tiene 140 legisladores y cada uno, que representa a 54.650 habitantes, ocasiona 255.000 dólares de costo al año. Río Negro tiene 43 legisladores, cada uno de ellos gasta 509.302 dólares al año y representa a 14.374 habitantes. La economía de Carolina del Norte es 36 veces mayor que la de Río Negro.

En Oesterreich (Austria) el costo anual de cada uno de sus 56 legisladores es de 116.071 dólares, y representa a 24.589 ciudadanos. En Catamarca, en cambio, el costo de cada uno de sus 57 legisladores es de 282.456 dólares y representa solamente a 5.579 habitantes. La economía del departamento suizo es 16 veces mayor que la de Catamarca.

Los casos expuestos demuestran con claridad el verdadero despropósito que significa seguir manteniendo semejante estructura —por añadidura, absolutamente ineficiente—, que debe ser financiada mediante una arquitectura impositiva cada vez más distorsiva del sistema de precios, en la medida en que éstos se integran con una participación relativa de algunos impuestos que sólo se justifican por la recaudación que proporcionan. Tales son los casos de las retenciones a las exportaciones, el impuesto a los débitos bancarios y el que grava los combustibles; todos estos gravámenes tienen un sesgo claramente antiexportador, contrario al interés de nuestro país.

No es raro que, con un manejo tan malo del gasto público, la sociedad levante sus mecanismos de autodefensa y aumente la evasión impositiva, aduanera y previsional. La cuestión es subsistir en un medio corrupto, que corrompe y se corrompe cada vez más.

Resulta incomprensible que, pese a la opinión generalizada respecto de que la calidad de las instituciones políticas es una condición necesaria —aunque no suficiente— no sólo para afianzar la democracia sino también para alcanzar un óptimo funcionamiento de la economía, los argentinos sigamos dándole la espalda a una cuestión tan decisiva para nuestro bienestar. Nuestra sociedad está a merced de la mediocridad, de la arbitrariedad y de la injusticia.

No es ocioso reiterar que el costo de la política no se mide solamente por el gasto asociado a los funcionarios electos, a los temporarios designados por ellos y a los legisladores. También hay que agregar aquello que no llega a los beneficiarios del sistema social, los sobrecostos incluidos en las compras estatales y los aportes a la partidocracia.

Si cinco años atrás se hubiera tomado la decisión política de reducir el gasto público en un 10 por ciento, esto es,

10.000 millones de dólares al año, y de aumentar la recaudación impositiva en 7000 millones de dólares anuales, el país podría haber ahorrado durante un lustro 85.000 millones de dólares. El peso de la deuda externa habría disminuido y, quizá, no habría sido necesario abandonar la Convertibilidad.

Necesitamos una Justicia independiente y eficiente, una burocracia jerarquizada; mejores niveles de seguridad, salud y educación, y, en general, un gobierno y un Estado meritocráticos, que sirvan de plataforma de lanzamiento para nuestro país. La Argentina nunca podrá crecer si no cambia *ya* el comportamiento de aquellos políticos y seudopolíticos que favorecen el ambiente de corrupción que nos ahoga.

Es difícil admitir que los requisitos empresarios para seleccionar personal, y aun los que rigen para el personal docente universitario, no obren para quienes tienen en sus manos los destinos de la sociedad. El caso del funcionario más versátil que conocí merece ser citado como ejemplo de lo que nunca debería suceder. Antonio Erman González fue, primero, designado en la vicepresidencia del Banco Central; luego, ministro de Bienestar Social; más tarde, ministro de Economía; después, ministro de Defensa; para concluir como ministro de Trabajo; también fue embajador en Italia. El criterio para que este funcionario haya ejercido funciones tan disímiles tuvo que ver exclusivamente con su amistad con el Presidente y no con las cualidades requeridas para desempeñarse en cargos que demandan, todos ellos, alta especialización. Obviamente, no es éste el único ejemplo de "versatilidad funcional"; Carlos Ruckauf, por caso, también se desempeñó en variadas y disímiles funciones. La lista que podríamos confeccionar sería numerosa.

Sobran los ejemplos de ministros, secretarios, presidentes y directores de bancos y embajadores políticos que no acreditaron ni acreditan suficientes condiciones de idoneidad y de los cuales emanaron decisiones que produjeron daños irreparables para la ciudadanía. Por sus consecuencias, es recordada la gestión del secretario de Agricultura, Ganadería y Pesca Antonio Berhongaray.[8] Tampoco se puede dejar de mencionar el traumático abandono de la Convertibilidad fuera del marco de una política de ingresos, con la subsiguiente pesificación asimétrica de deudas y créditos. ¿Quiénes se hacen cargo de los resultados de esas desafortunadas gestiones? Ningún otro que no sea el pueblo y, en todo caso, nunca los responsables.

¿A quién imputar la responsabilidad de aprobar las leyes que aseguraban el valor de la moneda y la intangibilidad de los depósitos para luego permitir su violación? ¿No fueron, acaso, los mismos legisladores que se solazaron con la declaración de *default* de la deuda externa y que abrieron paso a la más violenta redistribución de ingresos que tuviera lugar en la economía argentina? ¿Y no fueron ellos también los que antes dilapidaron los recursos presupuestarios e hicieron "saltar" de ese modo la Convertibilidad? ¿No fueron, acaso, los mismos que destacaban la supuesta bondad de un esquema que sólo funcionó sobre la base de un endeudamiento que ellos mismos consintieron?

Es difícil disimular tamaña muestra de irresponsabilidad legislativa, fundada en lealtades políticas y en el desconocimiento de las consecuencias que sobrevendrían. Es difícil disimular tanta incompetencia en el manejo de las finanzas públicas, una materia de la que dependen vida y hacienda de los ciudadanos. Alegar después que la devaluación "la produjo el mercado" es una muestra total de ignorancia, porque el mercado opera sobre realidades, y esta realidad la construyeron quienes gobernaron el país.

Vinculación de lo político y lo social

Lo antedicho es consecuencia de tener políticos que desconocen que la nación debe integrar el sistema social con el necesario desarrollo de un sistema político,[9] a partir del cual se posibilite el funcionamiento eficiente de la sociedad, es decir "la vida en la *polis*", una vida signada por la armonía de todos los que la componen, en el marco de un verdadero contrato social del que surgen obligaciones, derechos, ideales e intereses comunes, en el marco de una justicia igual para todos.

Los políticos deberían saber que si este acuerdo social no existe, o funciona mal, el conflicto se potencia a tal grado que, de inmediato, se produce la confrontación entre lo político y lo social, que es la situación actual de nuestro país. Cuando en el siglo XX los políticos apelaron a las Fuerzas Armadas para resolver el divorcio entre el sistema social y el político, el resultado fue lamentable, toda vez que el sistema institucional se deterioró a tal extremo que sólo produjo nuevos agravios al Estado. Militares al frente de las distintas áreas administrativas se comportaron como verdaderos "elefantes en bazares", y no por incompetencia innata sino por falta de preparación adecuada. Cualquier puesto era bueno para oficiales del Ejército, de la Marina o de la Aeronáutica. Desde la Casa de la Moneda hasta YPF, desde la DGI y la Aduana hasta el Ministerio de Obras y Servicios Públicos. Todo daba lo mismo.

A nadie puede resultarle extraño que la economía sólo haya crecido cuando logró compatibilizar lo social con lo político y no posteriormente, cuando su sistema político dejó de atender las demandas de la sociedad.

Cuando se pierde la ética en política, es decir cuando se pierde la idea de la búsqueda del bien común, la credibilidad y la confianza disminuyen. Por lo tanto, desaparece el sustento de la economía y ésta comienza a funcionar de una manera absolutamente impredecible. No tiene sentido, en consecuencia, que haya quienes piensen que un economista puede revertir el actual clima de anomia, en la medida en que la economía es política y no economía a secas.

Debemos convencernos de que la solución de los problemas sociales requiere un orden secuencial que opere sobre los siguientes factores: *la cultura*, con el fin de recuperar nuestros valores esenciales; *la ética*, que debe comenzar con el ejemplo transparente del gobernante; *la política*, con el fin de posibilitar el acceso de las nuevas generaciones a tan noble actividad; *el Estado*, que debe ser reformulado para que se constituya en el instrumento impulsor del bienestar y garante de la justicia en todos los órdenes; *la credibilidad*, que debe existir en las potencialidades de un país dotado como pocos en la Tierra; *la confianza*, fundada en un proyecto geopolítico que habrá de sostenerse en el tiempo, y, finalmente, sobre *las políticas de Estado*, que deben ser para todos y no surgir de la discrecionalidad de los funcionarios de turno. Recién al final de esta lista aparece *la política económica*, que, como se aprecia, en modo alguno puede por sí misma sacarnos de la profunda crisis que atravesamos, como parece ser la pretensión de la mayoría de los economistas profesionales, y como se le ha hecho creer a la opinión pública.

Pido disculpas a mis colegas economistas, pero creo que sobran quienes se creen salvadores del país. No está de más aclarar que cuando hablo de economistas me refiero a los "verdaderamente profesionales"; no entran en esta categoría aquellos que actúan como tales aunque desconocen el andamiaje teórico de la materia.

Al país le faltan verdaderos políticos con visión de estadistas. Sostengo que un gran error político del presidente Arturo Frondizi fue crear el Ministerio de Economía, porque a él accedieron individuos sin la formación adecuada para comprender las repercusiones sociales de malas políticas económicas. Que esos funcionarios contaran con títulos habilitantes no significaba que tuvieran la idoneidad requerida para esas altas funciones, porque ellas también demandan capacidad de gerenciamiento.

Es notable comprobar, además, cómo los empresarios avalaron sistemáticamente a quienes los favorecieron, luego de crearles el ambiente adecuado a través de los medios de comunicación. Y es significativo observar cómo también, desde la soberbia, los elegidos elevaron sus voces para convertirse ellos mismos en sacerdotes de la Sabiduría Convencional.

Capítulo 4

La Argentina: un país sin Estado

Estado y gobierno

En el ámbito de la opinión pública, incluyendo una parte importante de aquella que puede considerarse ilustrada, no existe una noción precisa respecto de qué debe entenderse por Estado y cuál es el significado de la palabra gobierno.[1] Se trata de un déficit formativo adquirido en la etapa educativa, porque al ciudadano se le proporcionan conocimientos muy generales, y en etapas primarias, de la materia Formación Ética y Ciudadana en la Educación General Básica o Educación o Instrucción Cívica en el nivel medio. Resulta conveniente, entonces, precisar qué se debe entender por Estado y gobierno, instituciones esenciales de la democracia, pero con características y funciones absolutamente diferenciadas.

El Estado constituye la superestructura de toda comunidad organizada políticamente, con límites territoriales, intereses comunes y las demás características que son propias de una nación, en el sentido moderno de la expresión.[2] El orden administrativo que le es propio debe procurar el ejer-

cicio monopólico del poder —en términos de coacción física y jurídica— con el fin de mantener el equilibrio social o
restaurarlo, en el caso de que se pierda.

El Estado es el ente dominante en la sociedad. Esta condición se deriva de su naturaleza jurídica, y sus funciones
son exclusivamente administrativas. Estas características
son las que sirven de apoyo a las normas y acciones que tienen vigencia para todos los integrantes de la sociedad sin
exclusión alguna, cualesquiera sean sus atributos legales,
comenzando por los ciudadanos. Éstos son, en definitiva, el
interés inmediato del Estado, debido a la necesidad de garantizar sus derechos inalienables. Es necesario enfatizar
que la coacción para el cumplimiento de las leyes derivada
del carácter monopólico del poder, es una característica
propia del Estado.

En el campo de la economía, tal planteamiento norma-
tivo es necesario para dar certeza a los contratos que se ce-
lebran; si no existiera un ente superior que los respaldara,
la seguridad sería ilusoria.

La eficiencia en el funcionamiento del Estado depende
de la burocracia que lo integra, cuyas cualidades fundamentales deben ser idoneidad, capacidad, dedicación, respeto,
honradez y espíritu de servicio. Por las aptitudes y actitudes
relativas al cumplimiento de sus funciones, el burócrata debe, necesariamente, ser prestigioso y prestigiado. Naturalmente, su remuneración debe ser acorde a las tareas que
realice y no debe tener prerrogativas ni privilegios respecto
de quienes se desempeñan en la actividad privada.

El Estado no puede funcionar sin directivas precisas,
para lo cual requiere de alguien que lo dirija, porque no le

basta con expresar su naturaleza y sus funciones, también tiene que ser operativo. Debe tener objetivos y manejar aquellos instrumentos que son propios de las instituciones que lo integran y que se traducirán en las distintas políticas a implementar. En nuestro ordenamiento constitucional, quien lo dirige es el presidente.

De acuerdo con las normas vigentes, el presidente es elegido en comicios generales y para un mandato acotado en el tiempo. Debido a estas características, el presidente no es un "funcionario" sino un "mandatario", y debe desempeñarse conforme las limitaciones que le imponen la Constitución Nacional y las leyes. Actúa por delegación de los representados —lo hayan votado o no—, de modo tal que podría considerarse un funcionario de características no burocráticas. Su poder de mando le es delegado por los ciudadanos.

Regulado por la Constitución y las leyes, su desempeño también se debe guiar por el enfoque moral que debe ser propio de su conducta, y por las promesas hechas al electorado. Existen instrucciones implícitas que surgen de su plataforma electoral y a las que debe ajustar su acción, poniendo por encima de cualquier consideración personal el interés de *toda* la sociedad. Si así no lo hiciera, defraudaría al electorado y su desempeño carecería de legitimidad moral.

Hechas las consideraciones precedentes, es necesario establecer si en nuestro país la *praxis* del sector público es acorde con lo que la ciudadanía espera.

En cualquier nación que se considere, y la Argentina no es excepción, el Estado constituye la unidad económica más importante. Lo es por la demanda de recursos que necesita para ofrecer los servicios que le son propios y por la recaudación del dinero necesario para financiarlos, por medio de impuestos o a través de colocaciones de deuda pública. No existe en la economía un comprador más importante o que emplee más personal. En términos cuantitativos, casi el cuarenta por ciento de la actividad económica de nuestro país se relaciona con el Estado, en todos los niveles jurisdiccionales.

A título ilustrativo, comparemos el Estado argentino con cualquiera de las grandes corporaciones. Éstas poseen estructuras productivas, técnicas, administrativas y de investigación sumamente complejas que funcionan de manera armónica y eficiente para producir beneficios en un mundo fuertemente competitivo. Pero su enfoque se limita a la rama productiva de la cual forman parte. Las funciones del Estado, en cambio, determinan que su estructura sea mucho más compleja, porque debe proveer a la sociedad de todos los bienes denominados "sociales", que el sector privado no puede ofrecer debido a que el sistema de precios no funciona en relación con ellos.[3] Incluidos en esta categoría, se encuentran la seguridad interior, la justicia, la defensa, las relaciones exteriores, el control y la regulación de las áreas monetaria y de recaudación, la Policía del Trabajo, el control de los servicios públicos, el régimen de alimentos y medicamentos, el estímulo de la producción, el ordenamiento del sistema previsional, etcétera. Asimismo, debe posibilitar el desarrollo de la infraestructura económica y, sobre todo, apoyar el avance de la ciencia y la tecnología —para las cuales la inteligencia argentina está especialmente dotada—.

Un capítulo especial merecen la educación y la salud, terrenos en los cuales el Estado actúa subsidiariamente respecto del sector privado, en beneficio de los sectores cuyos ingresos no son suficientes para costear estos servicios. Si no lo hiciera, violaría el principio de igualdad de oportunidades para todos consagrado por la Constitución Nacional.

Debe tenerse especialmente en cuenta que en el Estado no existe el criterio maximizador de beneficios lucrativos, el cual es reemplazado por la maximización del beneficio social. De tal modo, las reglas que son aplicables al Estado no son las del mercado, porque todas las decisiones públicas son de naturaleza política.

La simple lectura de las funciones a cumplir y de los intereses comprometidos en la teoría normativa relacionada con el Estado pone de manifiesto la calidad operativa que lo debe caracterizar. Las instituciones que comprende la administración pública, cuyo cometido básico es aplicar las leyes emanadas del poder político, deben estar encabezadas por verdaderos especialistas. Pero, además, la burocracia estatal debe ser meritoria, para dar certeza a la ciudadanía de que sus criterios de eficiencia no se apartarán de los que son propios de la actividad privada. El sistema de premios y castigos debe ser norma de la administración pública, no sólo para los administradores sino también para los administrados.

Estado, empleo y presupuesto

Analizaremos ahora cómo funciona el Estado argentino para determinar en qué medida cumple sus funciones. Antes debemos señalar que a principios de los años noventa se produjeron importantes cambios institucionales que abarcaron también las funciones desempeñadas por el Estado. Para entonces, éste era responsable de funciones que ha dejado de cumplir, sobre todo aquellas relativas a la oferta de bienes producidos por empresas del área pública. El Estado de hoy es mucho más reducido que el de entonces.

En efecto, en 1989 el empleo público nacional contabilizaba 874.182 agentes, mientras que en 2002 la cifra era de 265.954, lo que equivale a una reducción del 69,6 por ciento. Sin embargo, debe tenerse en cuenta que la cifra neta de reducción de personal es de sólo 365.000 agentes, de los cuales 125.000 fueron dados de baja mediante el sistema de retiros voluntarios. El resto corresponde a la transferencia de personal a las administraciones provinciales y al gobierno autónomo de la Ciudad de Buenos Aires.[4]

Así, mientras el Estado limitaba sus funciones a nivel nacional, en los Estados provinciales y municipales el empleo público se acrecentaba, a punto tal que llegó a quintuplicarse respecto de la década de 1970. Como no podía ser de otro modo, tal "redistribución" de personal provocó un significativo impacto laboral en el sector privado.

El traslado del gasto público aumentó las necesidades de financiamiento de quienes debían enfrentarlo, pero las recaudaciones locales no se incrementaron. Como corolario, crecieron la dependencia provincial respecto del Régimen de Coparticipación y el endeudamiento interno y externo. Esto explica las dificultades presupuestarias de los Estados provinciales y municipales.

Es necesario reconocer que la política económica implementada a partir de 1991 agravó los problemas de empleo de manera paulatina y creciente. En el ámbito de la administración pública nacional, en 1993 había 307.808 trabajadores que ocupaban puestos transitorios; en 1997, la cifra ascendía a 1.515.168 trabajadores. Estos números evidencian el fracaso del intento de eliminar empleo público, pues por vías alternativas se financiaron planes precarios y subsidiados.[5]

La magnitud del gasto público es un excelente indicador de la gestión estatal en la última década. Entre 1990 y 1999 el gasto público creció 57,5 por ciento, a contramano del propósito original de contraer las dimensiones del Estado nacional y de los Estados provinciales y municipales. Paralelamente, se registró un fuerte aumento de la presión tributaria total, que creció en el mismo período un 40 por ciento, pasando del 20 por ciento del PBI al 28,8 por ciento. La combinación de gastos y recaudación revela que la realidad estuvo divorciada del discurso reduccionista de la administración estatal. Estas cifras, con ser importantes, no revelan la presencia del Estado en la solución de las cuestiones sociales; de este modo, el Estado se deslegitima como tal.

El Estado ausente

En efecto, a través de los cambios descritos el Estado perdió presencia, a punto tal que puede hablarse de un Estado "ausente" o, lo que es lo mismo, decir que la Argentina carece de Estado, entendiendo por tal déficit su renuncia a articular una sociedad más democrática con justicia social. En rigor de verdad, esta situación surge por una acción deliberada en el terreno político, en la medida en que el Estado ha renunciado a cumplir con sus fines específicos, particularmente aquellos que hacen a la atención de los pobres, y a la regulación de las actividades económicas para neutralizar la acción de los grupos económicos dominantes. La simple observación de los hechos demuestra que es precisamente en estos campos donde la actuación del Estado ha sido más deficitaria.

Para el ciudadano argentino, los indicadores del fracaso de la gestión estatal surgen de la observación diaria y de la comparación con el pasado. Enumeraremos, a modo de ejemplo, cuestiones que atentan contra la convivencia y cuya causa es la ausencia del Estado.

- Niveles de pobreza y exclusión jamás imaginados.
- Situación laboral complicada, que se nutre de los desaciertos de la política económica de los años noventa, de la ausencia de política migratoria y de la falta de poder de policía laboral.
- Educación deficiente.
- Salud deficiente.
- Altísimos niveles de inseguridad interior.
- Falta de protección a niños y ancianos.
- Estado deficiente de la Justicia.
- Inestabilidad de las normas jurídicas.
- Desmantelamiento del aparato de defensa.
- Desprotección de los recursos marítimos.
- Ausencia de fomento a la tecnología.
- Condiciones deficientes de vida en centros urbanos.

- Falta de aplicación de los marcos regulatorios.
- En general, absoluta falta de observancia de lo establecido en la Constitución Nacional respecto de los derechos ciudadanos.

Ningún comentario o análisis académico que hiciéramos aquí agregaría mucho a la triste experiencia que estamos viviendo los argentinos. Basta comprobar que la vida en nuestra sociedad se deteriora cada vez más: salir de nuestras casas se convierte en una aventura de final incierto debido a la actuación de "profesionales" que lucran con la miseria de sus compatriotas. Vivimos en una sociedad donde no se respetan los derechos mínimos, donde los delitos no reciben el castigo debido, donde la educación de nuestros niños está bastardeada; donde la droga, la prostitución y el alcoholismo hacen estragos. Todos estos males existen porque carecemos de un Estado que cumpla con sus obligaciones.

Es el momento de preguntarnos por qué no tenemos Estado. Por qué lo que entendemos por tal, es de tan mala calidad. ¿Es que los argentinos somos intrínsecamente perversos e incapaces?

El Estado y sus autoridades

Buscar la respuesta a aquellos interrogantes nos lleva a dilucidar la calidad de quienes han tenido y tienen la responsabilidad de conducir el Estado, es decir aquellos que, invistiendo nuestra representación, se han desempeñado en el ejercicio del Poder Ejecutivo Nacional, y también de todo el andamiaje institucional del cual han surgido y surgen los políticos profesionales.

El artículo 97 de la Constitución Nacional establece: "El Poder Ejecutivo de la Nación será desempeñado por un ciudadano con el título de Presidente de la Nación Argentina". El artículo 99, integrado por veinte incisos, se refiere a las atribuciones del Poder Ejecutivo y dice en el primero de esos incisos: "[El Presidente] es el jefe supremo de la Nación y responsable político de la administración general del país"; es decir, del Estado. Las Constituciones provinciales, por su parte, adoptan el mismo criterio para el caso de sus gobernadores.

Surge de manera incontrastable que el gobierno es distinto del Estado y que aquél ejerce el poder dominante al que ya nos hemos referido. Del modo como se administre el Estado dependerá el impacto que las decisiones públicas produzcan en la sociedad. Se concluye, por lo tanto, que la degradación que se ha producido en el Estado Nacional y en los Estados subnacionales es sólo atribuible a la mala conducción que éstos han tenido. Es en la indudable falta de idoneidad de la mayoría de quienes se han desempeñado en la Presidencia de la República donde reposa primariamente la responsabilidad de la falta de Estado en la Argentina. Ellos han confundido el gobierno con el Estado, del cual se apropiaron para favorecer los intereses de los grupos políticos partidarios y de los sectores económicos dominantes. El resultado han sido las políticas pendulares de ingresos que produjeron inflación, falta de crecimiento y el cuadro de pobreza que hoy se observa en nuestro país.

Decir que la Argentina cuenta en la actualidad con verdaderos políticos profesionales es una afirmación dudosa. En todo caso, podríamos referirnos a los que se consideran "dirigentes" de los distintos partidos políticos. En realidad, el "arte de la política" se ha convertido entre nosotros en un artificio, ya que esta actividad expresa solamente los intereses personales de los gobernantes en su sentido más amplio. Si el interés estuviera puesto al servicio de la sociedad, la política se integraría con la moral y no admitiría otros límites que no fueran los de la ley.

Este último punto de vista es el que ha distinguido a los moralistas y filósofos que diseñaron el Estado. Es a partir de Aristóteles que se acepta que el Estado "es el objeto de la política" y que es preciso analizar los elementos que lo componen. De este análisis surge el contenido de la ciencia política. Éste es el método que aplicaron los grandes pensadores en la materia: Nicolás Maquiavelo, Jean Bodín, Montesquieu, John Locke y Alexis de Tocqueville, entre otros.

No corresponde señalar aquí la evolución que la ciencia política ha tenido a través del tiempo y el aporte que ha hecho para la consolidación de los regímenes democráticos modernos, maduros y estables. Digamos que, a diferencia del débil sistema argentino, aquéllos se caracterizan por mantener la separación de funciones entre el gobierno, que por definición es renovable periódicamente, y el Estado, que constituye la infraestructura permanente desde la cual se administra la *res publica*. En aquellos regímenes, el resultado es obra de "políticos profesionales" formados académicamente; cuando esta última cualidad está ausente, los políticos cuentan con una rica experiencia gubernamental y, además, con gabinetes ministeriales de excelencia.

En un escenario como el descrito, los gobernantes ejercen verdadero dominio sobre el Estado, que no se mide solamente por los discursos que pronuncian ante los Parlamentos para presentar rendiciones y proposiciones, por las presentaciones mediáticas, por las conferencias de prensa o por las reuniones que efectúen con exponentes de los distintos sectores sociales. Tales actos no son, en modo alguno, indicadores de autoridad.

El verdadero ejercicio del poder tiene lugar en todas y cada una de las decisiones que diariamente se deben tomar desde el Estado como epicentro. La esencia del gobernante es cuidar el desarrollo de la sociedad que administra, en todas y cada una de sus expresiones, para lo cual debe tener un bagaje de conocimientos que le permita modernizar las estructuras estatales, previendo escalas ajustadas al presente y al porvenir.

La carrera de los gobernantes comienza en instituciones denominadas "partidos políticos", que se integran con simpatizantes que comparten una misma ideología. En ellos debe existir la posibilidad de iniciar una suerte de camino ascendente del que surjan aquellos que se destacan y que habrán de ser los "dirigentes políticos", también conocidos como "caudillos".

Es entre los caudillos donde aparece el matiz profesional de la política. Los políticos profesionales como tales surgieron en la Edad Media. Eran individuos que se colocaban a las órdenes del príncipe y hacían profesión de fe de una actividad que se fundaba exclusivamente en el espíritu de servicio, porque al mismo tiempo renunciaban a todo tipo de títulos y honores personales. Es en aquellos tiempos cuando la política se convierte en un modo de vida y, al mismo tiempo, en un ideal.

La influencia filosófica ateniense y el Derecho Romano les dieron a los Estados modernos las bases morales y la juridicidad que se debe observar permanentemente en la administración de la cosa pública. Por eso, no puede resultar extraño que el ejercicio de la política haya atraído a los estudiosos del Derecho, a punto tal que democracia y abogados constituyen variables de una misma ecuación. No podría ser de otro modo, ya que la razón de ser de la democracia se encuentra en la justicia y el conflicto permanente entre todos los ciudadanos para alcanzarla. Cuando existen intereses y puntos de vista en disputa, es lógico que haya quien pueda y deba dirimir las controversias. Tal, precisamente, es el terreno en el cual desarrolla su profesión el abogado. Se comprende así por qué son mayoría entre los políticos profesionales aquellas personas entendidas en leyes.

Debe señalarse una diferencia entre esta categoría de individuos y la formada por otros que, abrogándose conocimientos jurídicos, pretenden resolver problemas para los cuales no están habilitados. Éstos se comportan como demagogos, ya que carecen de la ecuanimidad de los abogados, los cuales, por sus antecedentes profesionales, deben hacer de su conducta una virtud.

El demagogo tiende a identificarse con el dirigente político que, de manera irresponsable, es pródigo en discursos electorales que prometen venturas. Estos individuos descubren recién durante las campañas electorales que existen

pobres, o que las calles están deterioradas y mal ilumina-
das, y recogen adhesiones mediante ardides y chicanas. Los
demagogos hacen uso intensivo de las palabras, de las promesas y de eslóganes, pero todo lo que dicen está vacío de
contenido, en concordancia con la altura intelectual y la capacidad de las que carecen.

Lo dicho no debe interpretarse como un acto de fe en
favor de los abogados y en contra de quienes no lo son, porque, además de injusto, sería un juicio no ajustado a la experiencia histórica. Domingo F. Sarmiento no fue abogado,
pero su gestión presidencial fue buena. Fernando de la Rúa
es abogado, pero su presidencia fue indudablemente mala.
Julio A. Roca fue militar y sentó las bases de una Argentina pujante. Simplemente, quiero expresar la importancia
del conocimiento del Derecho, instrumento esencial para
manejar los resortes del Estado. No es casual que desde
1826 hasta 1930 se hayan desempeñado doce abogados en
la Presidencia de la República. Más allá de los disensos ge-
nerados por sus actuaciones, ése fue el período de mayores
logros para nuestra República.

Resulta interesante acotar que desde la presidencia de
Bernardino Rivadavia hasta la actual del Néstor Kirchner,
han ocupado ese cargo 48 argentinos.[6] De ellos, 25 fueron
o son abogados; 15, militares, y 8, de profesiones varias. De
los 15 militares, 14 ejercieron la Presidencia desde el golpe
del 6 de septiembre de 1930, y sólo 2 de ellos fueron electos por la ciudadanía: los generales Agustín P. Justo y Juan
D. Perón. El retroceso de la Argentina se produce, precisamente, en el período de mayor presencia de los militares
surgidos de los distintos golpes de Estado.

En los términos anteriores, debe puntualizarse que la política, como profesión, presenta dos alternativas a las que ya aludimos: la que corresponde a los políticos que viven "para la política" y la relativa a aquellos que viven "de la política". Desgraciadamente, en nuestro país la mayoría de los políticos se inclinan por la segunda de las alternativas.

Vivir la política como un servicio al prójimo supone disponer de medios para financiar una actividad deficitaria o resignarse a tener una vida modesta. Esto no significa que quienes no sean de fortuna no están en condiciones de abrazar tan noble actividad. Para ello, los partidos pueden asignar medios a sus dirigentes más esclarecidos y, cuando éstos llegan a la función pública, deben recibir remuneraciones dignas del cargo que desempeñan.

La simbiosis entre Estado y gobierno no guarda relación alguna con el desarrollo alcanzado por el país, sino con sus pautas culturales. Si se comparan Brasil y la Argentina, se observará que en el país vecino existe un desarrollo institucional distinto y mejor que el que rige entre nosotros. Esto tiene su explicación en la existencia de políticas de Estado —de relaciones exteriores, industriales, de desarrollo tecnológico y de las comunicaciones, entre otras— que se mantienen con escasas variantes cualquiera sea el signo de los gobiernos que se suceden. De tal manera, Brasil se presenta ante el mundo como un país mucho más confiable y predecible que la Argentina.

Esa tradición se comprende al repasar los antecedentes históricos de Brasil. En efecto, cuando la Corona portuguesa debió emigrar desde la península a causa de la invasión napoleónica, los soberanos llevaron a Brasil las tradiciones gubernamentales propias de la monarquía lusitana. En el caso de la Argentina, la independencia de España nos dejó sin administración, hasta entonces ejercida desde la Metrópoli. La relación entre obligaciones y derechos ciudadanos no era simétrica; eran muchas las primeras y pocos los segundos, incluyendo la imposibilidad de crear una administración criolla. Lograda la libertad, la situación se revierte y se pretende tener muchos derechos y pocas obligaciones (esta tradición se mantiene hasta hoy). Es por entonces cuando se forma el carácter corporativo de nuestra sociedad, con la presencia en el poder de los hombres de negocios, los militares y los eclesiásticos. El pueblo estaba ausente de las decisiones políticas, ya que se afirmaba que aquéllos lo representaban. Más tarde, Juan D. Perón refuerza ese carácter corporativo al incluir en el esquema a las organizaciones sindicales. Se incubó así en el comportamiento de los argentinos la tendencia a esperar siempre beneficios del Estado. Al conseguirlos, su predisposición frente al trabajo y el esfuerzo es escasa, al igual que su propensión a contribuir mediante el pago de impuestos.

Debajo de esta forma de comportamiento se encuentra no sólo una de las variantes de la corrupción sino también el propio interés de los políticos. Por ejemplo, la sanción a la evasión es prácticamente inexistente, visto el complejo andamiaje administrativo que caracteriza a los organismos recaudadores. Pero también lo es porque escasean casos de políticos prominentes, empresarios, militares, sindicalistas o periodistas que hayan sido objeto de fiscalización y ajustes de impuestos no declarados. Todos los que detentan poder o están cerca de él disfrutan de un privilegio que ninguna ley les acuerda. Esto incluye a los jueces, que, exceptuados por decisión propia de pagar el Impuesto a las Ganancias, están moralmente inhabilitados para juzgar a los evasores. Ésta es una de las tantas manifestaciones de ausencia de Estado, y explica el porqué de la defensa del neoliberalismo que hacen los exponentes del poder vernáculo.

El gasto público proporciona beneficios políticos, mientras que el cobro de los impuestos acarrea costos políticos. El gobierno, que conoce esta sencilla ecuación, beneficia a quienes ocupan el escalón más alto en la distribución de los ingresos, que reciben buena parte de esos gastos y contribuyen con menos impuestos. La carga impositiva más pesada la soportan los pobres con impuestos al consumo. Siempre fue más fácil cubrir con endeudamiento el déficit resultante; primero, porque significa "patear la pelota hacia adelante" y que los problemas que hoy se crean los solucione alguien mañana. Segundo, porque es la fórmula que aplauden los acreedores y los ricos, quienes, en virtud de la deuda pública, cobran intereses en lugar de pagar tributos. Pero ya no hay lugar para más deuda y ha llegado la hora de gobernar en serio.

Cuando el gobierno no es "dueño" del Estado, todo el sistema funciona con pesos y contrapesos; la sociedad es eficiente, el país es predecible, serio, confiable y puede soportar mejor el paso de gobernantes mediocres, ya que las decisiones públicas se implementan con un alto grado de calidad. Un Estado serio no puede tener administradores de tercer nivel que, además, se destaquen por su incapacidad para comprender cómo funciona el mundo. Un Estado serio debe garantizar que el país pueda desarrollarse aun si atraviesa períodos transitorios de gobiernos mediocres, o sin gobierno, como la historia reciente demuestra en los casos de los Estados Unidos, Francia, Italia y Japón, por mencionar algunos.

Estas referencias no deben ser interpretadas como una manifestación de fe respecto de cómo funcionan los Estados en otros países. Veamos un ejemplo. Cualquiera que viaje a los Estados Unidos después del atentado a las Torres Gemelas y trate de pasar en su valija un pequeño alicate será rápidamente detenido por la autoridad aduanera norteamericana. Sin embargo, según informaciones periodísticas, en ese mismo país ingresan mensualmente grandes cantidades de estupefacientes. Es evidente entonces que en el país modelo de la eficiencia administrativa hay algo que no funciona bien en el Estado, todavía existen fallas graves de control.

En nuestro país, quienes deben manejar el Estado desde el Poder Ejecutivo se abrogan con frecuencia facultades propias de monarquías decimonónicas; esto incluye al presidente y también a sus ministros. De ese modo se han tomado decisiones que, por su naturaleza, deberían haber sido tratadas y resueltas por el Parlamento, como la alteración arbitraria de la paridad monetaria en enero de 2002, la renegociación de la deuda pública, la concesión de indultos a condenados por gravísimos delitos institucionales y el uso abusivo de los decretos "de necesidad y urgencia", entre otras. Sobre todo en los últimos tiempos, quienes asumieron la Presidencia actuaron como reyes de la Edad Media, quizá en la suposición de que disponían de un poder delegado por la Divina Providencia y no por la ciudadanía. Así han actuado los presidentes Menem, De la Rúa, Rodríguez Saá y Duhalde.

Las actitudes diferentes que la Argentina y Brasil tienen hacia el Mercosur son, según mi criterio, sumamente ilustrativas acerca de dos maneras de establecer la relación entre el gobierno y el Estado. Para los brasileños, el Mercosur es un proyecto geopolítico alentado por su ya conocido afán expansionista sobre el territorio argentino y sus recursos. Es un proyecto de muy largo plazo, favorecido por el desarrollo argentino de infraestructura vial, energética y petrolífera que facilita la salida de nuestros recursos beneficiando el desarrollo económico de nuestro vecino.

Para la dirigencia argentina, en cambio, el Mercosur es sólo un proyecto de integración hecho con criterio mercantilista. Se trata de ampliar la dimensión del mercado con el fin de que nuestra economía funcione a una escala mayor. Nos comportamos como un vecino candoroso que cree en los lazos de fraternidad y descree de hipótesis de conflictos, olvidando que la ausencia de éstos sólo es propia de los cementerios, nunca de los organismos vivientes.

Así, vemos cómo Brasil se consolida como potencia industrial y de desarrollo tecnológico, rubros a los que hemos renunciado, no por virtud sino por imposición de los centros de poder mundial, que discriminan a nuestro país aprovechándose de la falta de estrategia geopolítica que nos caracteriza. Un país sin proyecto es como un barrilete sin cola.

En la Argentina las políticas de Estado son tan errantes que, así como hay políticos que se encandilan con el Mercosur, otros abrazan la causa del ALCA. A cada momento, nuestra suerte depende de quién llegue al gobierno y no de nuestros intereses nacionales. Los economistas tienen, generalmente, la misma aproximación al tema, algunos por su vinculación a las grandes empresas; otros, por falta de formación geopolítica, y los hay también encandilados por un "eficientismo" que los vacía de sentido nacional.

Chile es otro caso a considerar como modelo de lo que debería ser la relación gobierno-Estado. Ese país puede ser tomado como ejemplo de predictibilidad y seriedad en las decisiones públicas, y se destaca por contar con políticas de Estado que se mantienen más allá de la ideología del gobierno que presida sus destinos. Al igual que Brasil, su expansión natural es hacia nuestro territorio.

La Argentina, que carece políticas de Estado, actúa de manera pasiva frente a esta situación, y sus respuestas no pasan de discursos que destacan nuestra condición de "hermanos", "unidos por un destino común". La realidad es que nosotros retrocedemos y ellos avanzan; lo hacen sobre nuestros recursos energéticos —petróleo, gas y electricidad— y con su presencia cada vez más ostensible en sectores clave de la economía nacional: el control de la oferta eléctrica del Gran Buenos Aires y otras áreas urbanas (Chile), y el sector financiero y del petróleo (Brasil).

Difícilmente podría ser de otro modo, ya que sus espíritus de grandeza se desprenden del *leitmotiv* que corona sus emblemas patrios: el escudo chileno proclama "por la razón o la fuerza", y la bandera de Brasil lleva la inscripción "ordem e progreso". En cuanto a nosotros, si bien el estribillo del Himno Nacional concluye con la frase "o juremos con gloria morir", estamos muriendo, pero sin gloria ni honor. Y nos estamos dejando enterrar por ellos. ¿Tan ciegos estamos para no darnos cuenta de que un territorio tan vasto como el nuestro constituye un objetivo estratégico para nuestros vecinos?

No se infiera de lo anterior que estoy a favor de una posición aislacionista en el continente. Nada más lejos de mi propósito. Reivindico la presencia argentina, orgullosa y discutiendo entre iguales. No sumisa ni mendicante. Y menos, atada a criterios mercantilistas eficientistas.

Para muchos argentinos, nuestra querida patria ha abandonado, en su camino hacia la nada, todos los atributos que definen un Estado-nación. Casi se podría afirmar que sólo somos "un lugar en el mundo". Éste es el resultado de manejar al país como si se tratara de una estancia. Los políticos hicieron esto posible, y la corrupción que emerge en este escenario es un subproducto de conductas espurias, contrarias al interés de la República. Frente a esta realidad, las invocaciones voluntaristas y los discursos que prometen un futuro venturoso resultan inútiles, porque revertir el cuadro actual no es tarea para los políticos con escasa preparación que abundan entre nosotros.

No existen otros ejemplos de países que, en tiempos de paz, sin cataclismos ni problemas raciales, hayan llegado a empobrecerse tanto en menos de treinta años. La Argentina, sólo en el año 2002, experimentó un descenso del 11 por ciento de su PBI, y su endeudamiento externo constituye más del doble de su producto anual. El país expulsa científicos, profesionales y trabajadores cansados de no encontrar un horizonte acorde con su preparación; la inseguridad pone en peligro vidas y patrimonio; el clima anárquico que se vive torna imposible el desarrollo normal de cualquier actividad; el nivel de eficiencia de los servicios públicos disminuye sin que los entes fiscalizadores y reguladores cumplan sus funciones más elementales;[7] el país es cada vez menos creíble en la comunidad internacional, y el listado de calamidades conocidas por todos podría ocupar varias páginas de este libro.

Qué nos pasa

¿Por qué nos pasa esto? ¿Es superable esta situación? ¿En cuánto tiempo? No son éstas preguntas académicas, porque detrás de cada respuesta se encuentra la búsqueda de un futuro distinto de este presente frustrante, de un porvenir adecuado para nuestros descendientes.

En sus análisis, los economistas en particular y los analistas políticos en general tienden a simplificar los problemas, como si, al igual que en cualquier crisis del pasado, fuera a producirse el "efecto rebote", es decir que, como consecuencia de la restauración de la confianza, se pudiera volver a crecer casi automáticamente porque el ánimo de los operadores se torna más optimista. Esta perspectiva no es del todo posible. Además, corresponde que distingamos entre "crecer", que es el efecto de utilizar la capacidad instalada ociosa, y aun aumentarla, y "desarrollarnos", que significa cambiar las estructuras económicas. Crecer es posible; desarrollarnos, no tanto, porque para eso necesitamos, entre otras cosas, la formulación de un proyecto de país que sólo el gobierno es capaz de hacer. Un proyecto que comprenda la economía pero que sea mucho más abarcativo.

Para que cambien las condiciones de fondo son necesarias reformas profundas que sólo pueden ser acometidas por el Estado, fundamentalmente en los campos de la educación y la justicia, verdaderos pilares que sustentan el futuro de las naciones modernas. Ésa es la base para estimular a los más capaces, premiar la eficiencia, desarrollar la cultura nacional y castigar los desvíos de quienes violan las reglas establecidas. Sin inteligencia y sin orden jurídico no hay lugar para el progreso.

Recién después de haber despejado el camino de los obstáculos apuntados, nos encontraríamos en la etapa de la implementación de políticas. ¿Con qué burocracia haríamos la tarea? ¿De dónde surgirían la eficiencia, la lealtad y el orden meritocrático necesarios?

El lector que haya acudido a cualquier oficina pública —ministerio, secretaría, dirección general, departamento, división, organismo de control, ente autárquico, oficina de atención al público, servicio hospitalario, etcétera— comprenderá la distancia que nos separa de cualquier país organizado. En la Argentina, el contribuyente sólo tiene obligaciones, y a sus derechos los ha ido perdiendo con el transcurso del tiempo. En su relación con el Estado, es un verdadero ciudadano de segunda.

La burocracia meritoria no existe, y su lugar es ocupado, en la mayoría de los casos, por familiares, amigos, "punteros" y, en general, personal que satisface los intereses de los funcionarios. Esta situación se repite en cada escala desde el vértice mismo del poder; se trate del presidente de la República, de los miembros del Poder Legislativo, de la Corte Suprema de Justicia, de los gobernadores o de los intendentes, la tónica es siempre la misma.

Como el objetivo de los políticos es "permanecer" en el poder, el elenco de colaboradores es integrado con amanuenses que halagan los oídos de sus superiores para conservar sus cargos. Muchos de ellos perduran en la estructura del Estado; de ese modo, quien los designa mantiene su cuota de influencia aun después de cesar en sus funciones.

Lo dicho demuestra que la crisis no es externa; se debe al desorden gubernamental producido por verdaderos *amateurs* de la política sin formación alguna de gobierno. Estamos muy lejos de la inteligencia, el desinterés y la moral exhibidos por aquellos que hicieron nuestra patria, forjaron nuestra unión nacional y nos legaron nuestra Constitución Nacional.

Se comprende así que la exorbitante deuda externa acumulada no es consecuencia de inversiones públicas sino del déficit funcional del Estado, del despilfarro en el gasto corriente para beneficio, fundamentalmente, de quienes lo manejaron. Los horrores económicos se explican por la inoperancia, la falta de idoneidad y la ausencia de objetivos basados en el bien común. La discrecionalidad en los nombramientos hechos por políticos de bajo nivel derivó en conductas corruptas que, salvo contadísimas excepciones, nunca merecieron la condena de la justicia.

Ese comportamiento no reconoce banderías políticas, porque el *modus operandi* en la política argentina es identificar al Estado con el partido en el poder, de modo tal que se facilite el arbitraje de los ingresos en favor de los grupos en los que ese partido se apoya.

De la incompetencia de quienes gobiernan surgen reglas cambiantes, engorrosas, contrarias a la eficiencia económica y fuente de corrupción institucional. De allí que aparezca como un ejercicio de ingenuidad pretender que los problemas del país se arreglen a partir de modelos económicos, cualesquiera sean los supuestos que se consideren, si antes no se produce una profunda reorganización del Estado nacional y de los provinciales.

Para ser designado funcionario público —y esto es aplicable también al presidente, los legisladores, ministros, gobernadores, etcétera—, las exigencias deberían ser las mismas que las que se imponen a quien quiere acceder a una cátedra universitaria. Hoy se puede ocupar un cargo de la mayor responsabilidad sin haber escrito siquiera un ensayo o acreditado especialidad en la materia correspondiente. Hasta se puede ser miembro de la Suprema Corte de Justicia por medio de la digitación política, pasando por alto los mecanismos constitucionales, e integrar así un poder del gobierno nacional que luego negocia abiertamente sus fallos a vista y paciencia de la ciudadanía. La búsqueda de ejecutivos para empresas, en cambio, plantea altos niveles de exigencia, y todo personal que se incorpore es sometido a exámenes psicológicos. Si el Estado utilizara las mismas pautas, habríamos ahorrado miles de millones de pesos perdidos por decisiones tomadas por incompetentes. Debemos lamentarnos, y mucho, por todo esto, que es la vía a través de la cual se produce el descrédito de la política y se desdibuja la esencia de la democracia.

Es por ello que los buenos argentinos se alejan de la política, porque tienen los escrúpulos y la decencia que a otros les falta. La Argentina necesita captarlos y sólo podrá hacerlo con una verdadera Escuela de Administración Pública —como existe en Francia—, para que el oficial del Estado sea un funcionario prestigioso y prestigiado.

De poco puede valer, por ejemplo, que se defina para la nación un modelo exportador que incremente el ingreso de divisas, si el Estado no controla las que debieran producirse con las inversiones ya hechas, permitiendo así que al país lo sigan explotando grandes grupos económicos. Son los casos de los precios de transferencia, de los fideicomisos constituidos en el exterior o de las simples declaraciones de embarque con precios y/o cantidades "dibujados".

Empecemos por controlar el "negocio", para luego desarrollarlo, simplemente porque sobre el desorden sólo estaremos creando nuevas fuentes de enriquecimiento ilícito por medio de la corrupción. En 1974, aludiendo a los verdaderos agujeros fronterizos por donde pasaba todo tipo de mercaderías, afirmé que la Argentina era un inmenso "queso *gruyère*".[8] En 2003 seguimos igual. Tal vez se deba a la semilla sembrada en tiempos de la Colonia, porque desde entonces el contrabando ha sido el origen de varias de las más grandes fortunas del país. La otra fuente de enriquecimiento, nacida tiempo después, es la evasión impositiva.

Para controlar un negocio hay que vigilar primero la caja, y eso sólo lo pueden hacer los que saben y están interesados porque son los dueños. El hombre de espíritu práctico lo sabe; el estadista, también, pero ya no los hay en la Argentina (el último de ellos fue Arturo Frondizi). Estadista es aquel que tiene capacidad para ver el futuro y anticipar las políticas idóneas enmarcadas en un proyecto geopolítico.

Tiempo atrás tuvimos proyectos. El primero, como ya se dijo, fue obra de quienes armonizaron nuestras contradicciones internas y fundaron cimientos económicos (Mitre, Sarmiento, Roca y Pellegrini). El segundo fue el proyecto político que puso fin a la que dio en llamarse República Aristocrática, para reemplazarla por la República Democrática; sus hacedores fueron Bernardo de Irigoyen, Luis Sáenz Peña y su hijo Roque.

El tercer proyecto fue el de la República Democrática "con alto contenido social", basado en el ideario de Juan Domingo Perón. Hubo otro intento a fines de la década de 1950, pero no pudo concretarse por las dificultades políticas que debió enfrentar su mentor, Arturo Frondizi, que aspiraba a que la Argentina fundara su futuro sobre la industria integrada.

Todo ello nos revela que hasta la primera mitad del siglo XX nuestro país se mostraba ante el mundo como un modelo de república democrática, a punto tal que nuestras realizaciones de alto contenido nacional eran observadas con cierto asombro. Esto fue así a pesar de que, hacia el final de ese período, nos aproximamos erróneamente a los países del Eje en la contienda mundial.

Si bien entonces la separación entre gobierno y Estado distaba de ser la ideal, todos recordamos el respeto con que la civilidad era atendida en las oficinas públicas. La democracia no estaba vacía de contenido, no era esta visión formal que se nos pretende imponer, como sucede cuando el FMI nos dice cómo debemos gobernarnos. No se puede, desde afuera, gobernar el país y además reemplazar su Estado. Y si lo hacen, como viene ocurriendo, es porque tenemos una clase política sin conciencia de la función que tiene que desempeñar en la Argentina.

La ausencia durante décadas de un proyecto es la razón de que ahora estemos en una posición continental inferior a la que alguna vez tuvimos, en franco papel de subordinación frente a Brasil, Chile y México, los cuales se diferencian de nosotros porque creen en un destino que trasciende sus fronteras. Nuestra posición actual es producto de malos políticos, cuya mentalidad es incapaz de responder a una visión estratégica general y de raíz en nuestro continente. En el ejercicio del poder, ellos asimilaron recetas que nos llevaron a la más sutil de las dominaciones, aquella que surge de adherir a los planteos económicos mercantilistas-financieros globalizados. Se trata de la muestra más acabada de nuestro subdesarrollo político.

En un país serio y maduro, la sociedad no se conmociona por un desajuste político transitorio, porque la autoridad se apoya sobre un Estado eficiente controlado por los mejores. Durante una visita a los Estados Unidos, Juan Bautista Alberdi comprendió que una sociedad puede funcionar con un gobierno mediocre pero nunca puede hacerlo sin Estado. Plasmó esa experiencia en la Constitución Nacional según el modelo estadounidense, pero la evidencia muestra que violarla fue posible por cuantos quisieron hacerlo, aunque hubieran jurado por Dios hacerla cumplir. Para que ello ocurriera, bastó con destruir el Estado y sus instituciones.

La refundación del Estado

El Estado a refundar debe tener entre sus prioridades las siguientes:

- Crear un Escuela de Administración Pública según el modelo francés, la cual producirá los profesionales que han de conducirlo y sentará las bases del orden meritocrático correspondiente.

- Poner la educación en el lugar que nunca debió abandonar, no sólo porque sus contenidos hacen a la formación de niños y adolescentes, sino porque es a partir de la educación que echan sus raíces los principios de la nacionalidad. Sólo con educación se incrementa la calidad de los recursos humanos.

- Integrar el territorio nacional dando adecuado marco a las relaciones entre la nación y las provincias. Las características culturales del interior deben ser respetadas y afianzadas, y las provincias no deben estar subordinadas a discutibles criterios economicistas como los que ahora se pretenden imponer con la denominada "regionalización".

- Desarrollar nuestros mecanismos de defensa territorial, hoy subalternizados en nombre de pretendidos principios hegemónicos. Un país que no tiene defensa es un objetivo privilegiado de otros. Las hipótesis de conflicto deben ser base del proyecto geopolítico; si en cualquier país éstas se justifican, en nuestro caso en particular cobran mayor relevancia, dadas nuestras reservas continentales y marítimas, nuestros territorios en el Atlántico sur, la Antártida y los inmensos espacios vacíos existentes en el territorio nacional.

- El Estado debe fijar políticas de largo plazo que hagan creíble a la nación en sus relaciones con el resto del mundo. Las agresiones económicas en forma de tarifas, subsidios, cuotas y discriminaciones tienen que encontrar al país preparado para defenderse, en forma individual o a través de alianzas estratégicas. La presencia en los foros internacionales debe estar siempre respaldada por actitudes coherentes que se sostengan en el tiempo. Lo propio puede decirse en el terreno de los derechos humanos, en el de la preservación y conservación del medio ambiente y en el que enfrenta a las mafias que lucran con el tráfico de drogas y de armas.

El Estado es la estructura sin la cual la democracia carece de contenido. Es la decisión comunitaria de existir como tal. Ella está permanentemente atacada por corporaciones de todo tipo, para las cuales la debilidad estatal es una condición necesaria y a veces suficiente para atentar contra los intereses nacionales.

Por haber subvertido los valores públicos, por haber desarmado el Estado, llegamos a contar con una República "políticamente dependiente, económicamente subordinada y socialmente injusta". No es casual, entonces, que el comienzo del siglo XXI nos encuentre "desunidos y dominados". Como se ve, estas expresiones están opuestas por el vértice a aquellas vertidas por el general Juan D. Perón, fundador del Partido Justicialista, el mismo partido que, atomizado, está en busca del sustento social que alguna vez tuvo y de la representatividad que corre peligro de perder.

Aprovechando la crisis de identidad partidocrática, la constelación económica-mercantilista-financiera neoliberal se apoya en este vacío y refuerza la ideología expresada en la fórmula "más mercado y menos Estado". Hasta ahora, no hay fuerza que se le oponga.

Capítulo 5

La invasión ideológica

El comienzo

El golpe militar de marzo de 1976 fue algo más que una intervención armada en el escenario político argentino. Se autojustificó en el ordenamiento de una sociedad que, ciertamente, se mostraba jaqueada por el desorden político que entonces imperaba. Pero su verdadera razón de ser se encuentra en la implementación de un proyecto político destinado a cambiar las relaciones de poder y la estructura económico-social de nuestro país. Hasta ese momento, éstas se identificaban con las pautas del Estado de Bienestar que el país había adoptado, siguiendo la corriente mundial, como respuesta a los cambios producidos, primero, con la Depresión de los años treinta y, más tarde, con la Segunda Guerra Mundial.

En un capítulo anterior señalé que, a medida que se agudizaba el divorcio entre el sistema social y el político, la presencia de las Fuerzas Armadas en funciones de gobierno no solucionaba el deterioro institucional. Antes bien, cuando las Fuerzas Armadas dejaban el poder, siempre lo hacían como consecuencia del agotamiento al que habían llegado en la función de gobierno y debido a la imposibilidad de legitimarse por los votos. Eso sucedió con los generales Pedro E. Aramburu (1958), Alejandro A. Lanusse (1973), y Reinaldo Bignone (1982).

En todas las intervenciones militares el escenario político del país empeoraba porque se congelaba el ejercicio de la política partidista. Lo mismo ocurrió cuando las Fuerzas Armadas se hicieron cargo del poder en 1976, ya que en 1983, cuando debieron abandonarlo, dejaron una lamentable herencia. Esto fue evidente para nosotros y para todos los observadores internacionales luego de la derrota militar en las islas Malvinas. La frustración que la guerra produjo fue contemporánea de la pérdida de los resortes económicos por parte del Estado. Como ya se dijo, esa pérdida no fue casual; se trató de un proyecto que logró el objetivo buscado de transnacionalizar las decisiones políticas que hacían al ejercicio de la soberanía. Como veremos enseguida, los ideólogos de lo que puede ser calificado como un verdadero economicidio estaban "afuera" y sus ejecutores, "adentro".

La dirigencia política de entonces consideró el golpe de Estado de 1976 como otra intervención militar parecida a las que se habían conocido en el pasado. Se subestimaron así los alcances de los cambios que comenzaban a gestarse en la sociedad argentina, en sintonía con el nuevo orden internacional que ya se insinuaba y que era impuesto por los centros dominantes.

Peor aún, cuando las Fuerzas Armadas se vieron forzadas a llamar a elecciones en 1982, nuestra dirigencia política consideró que la tarea que debía emprenderse —después de juzgar a los militares por violaciones de los derechos humanos— era reconstruir el andamiaje económico por medio de redefiniciones políticas. Al pensar que lo ocurrido era consecuencia de la discrecionalidad de los militares en el poder se estaba emitiendo un mensaje equivocado a la sociedad en cuanto a que "la casa estaba en orden"[1] y que sólo eran necesarias "reparaciones menores y pintura en general", sin advertir que los cimientos de la Nación crujían, porque sus bases habían cambiado.

Realidad y voluntarismo

El presidente constitucional que asumió —Raúl Alfonsín—, dueño de una visión provinciana de la política y con un grado destacable de miopía, consideró que bastaba con volver a la democracia e invocar la Constitución Nacional para que todo se diera por añadidura. Lamentablemente, la distancia entre el enfoque voluntarista y la realidad señalaba una situación más compleja, de manera que ese error de percepción derivó en un gobierno sin ideas adecuadas a las circunstancias. El costo se pagó con una profunda crisis política y la renuncia anticipada de quien había subestimado el cuadro de situación.

La dirigencia política no advirtió que el mundo era distinto, que en las nuevas relaciones mundiales de poder las multinacionales disponían de un margen de negociación mayor que el de los Estados-nación, que la Argentina carecía de Estado para implementar políticas eficientes y que el lugar de aquél había sido ocupado por el poder económico.

Lo que la dirigencia política vernácula no comprendió

fue que el restablecimiento del sistema democrático no estaba en sintonía con el nuevo orden económico. La falta de apoyo a los gobiernos autoritarios, primero, y la ayuda para sustituirlos, después, fue una de las políticas deliberadas de los Estados Unidos e Inglaterra para imponer el orden globalizador[2] con el fin proclamado de legitimar las demandas de la sociedad, las cuales, en rigor de verdad, nunca fueron atendidas.

Más tarde, en los años noventa, las consecuencias de las políticas económicas impuestas se evidenciaron en un cuadro de injusticia social que restó apoyo a los partidos políticos —expresado en la disminución de sus afiliados— y provocó un marcado escepticismo ciudadano respecto de la participación electoral. Los políticos merecen, desde entonces, una valoración muy baja en las encuestas que se realizan, y el descreimiento en las instituciones que ellos manejan se hace cada vez más evidente.

Efectos de la globalización

¿Qué pasó desde los años setenta hasta ahora? A mi juicio, se desarrolló un proceso mundial que constituye una bisagra entre dos épocas, cuyas consecuencias, luego de casi tres décadas, difícilmente pueden ser todavía anticipadas. Un proceso que hizo que la Argentina se encuentre en el mundo como un pequeño barco a la deriva, ignorada en los foros internacionales, a los cuales sólo acude para pedir ayuda. El mundo que conocimos ya no existe; está alumbrando otro muy distinto, y la intervención armada de los

Estados Unidos en Irak abre una suerte de "Caja de Pandora" donde las relaciones internacionales se caracterizarán por la aparición de nuevos bloques de países, al tiempo que disminuirá la importancia de cada uno de sus integrantes.

Organismos internacionales como las Naciones Unidas y la OTAN pierden su justificación. Los Estados Unidos, verdadera potencia imperial, son "el nuevo orden", e impondrán sus intereses donde quieran hacerlo hasta que el concierto de las naciones verdaderamente libres ponga límites a su hegemonía. No lo veremos de inmediato, pero ese tiempo llegará.

Comprender esto nos obliga efectuar un diagnóstico claro, porque al cambiar los paradigmas varían las políticas y deben establecerse nuevas estrategias. Sin embargo, según los discursos locales, nuestra clase dirigente es ajena a esta nueva realidad y se dedica a discutir variables instrumentales como si todo fuera igual. Es el *ceteris paribus* tan caro a los economistas. Subestiman una realidad que comenzó a incubarse hace casi treinta años y actúan con la experiencia que da la historia, sin comprender que tal metodología tiene hoy un valor muy relativo. Nuevos tiempos requieren nuevas ideas, nuevos objetivos y nuevos instrumentos. Por supuesto, también nuevos dirigentes.

La vieja Argentina estatista

El proyecto militar aludido encontró justificación para la "Nueva Política Económica" en la desactualización de nuestra estructura económica; en su ineficiencia generalizada; la falta de integración en el mundo; las excesivas regulaciones; la propiedad de empresas estatales productoras de bienes y servicios tales como combustibles, acero, transporte aéreo y marítimo, comunicaciones, etcétera, y el desequilibrio de las variables monetarias y fiscales. Atributos estos del viejo "Estado de Bienestar" tributario de las ideas keynesianas y del modelo de "crecimiento hacia adentro". Nada de eso podía seguir teniendo vigencia y debía dejar paso a ideas "modernas".

Este discurso pasó a constituirse en la nueva Sabiduría Convencional del gobierno, de los cultores a ultranza del mercado, de la *intelligentzia* económica y de los periodistas convertidos en "economistas académicos", servidores de intereses contrarios a los de la nación, con muy poco apego a la realidad y favorecidos con altos beneficios. Los medios de comunicación fueron, con pocas excepciones, los vehículos para el verdadero lavado cerebral al que fueron sometidos los argentinos.

Pero, ¿por qué hasta entonces contábamos con un país sin problemas laborales, con una mejor distribución del ingreso?[3] ¿Por qué el país creció desde 1944 hasta 1974 a tasas promedio del 4 por ciento anual?[4] ¿Por qué entonces la deuda pública representaba solamente 2,5 veces las exportaciones anuales?[5]

Pocos exponentes de la "inteligencia nacional" se animaron a aportar ideas a un debate que entonces era muy desigual y a pura pérdida para los profesionales objetivos. Hoy, muy a destiempo, son mayoría los que critican *ex post* todo lo ocurrido.[6] Por entonces resultaba mucho más fácil escuchar los argumentos de quienes alentaban los viajes y compras en el exterior gracias a la sobrevaluación cambiaria.

El gráfico que sigue demuestra que la "vieja economía" no era el desastre que se informaba, y que la "nueva economía" que la reemplazó, en modo alguno sirvió para superarla.

La evolución de las curvas mide la productividad de cada sociedad. Es evidente que en los treinta años que van desde 1944 hasta 1974 la economía argentina evolucionó a la par de la estadounidense, con ligeras fluctuaciones. Aun en el contexto de un sistema desequilibrado políticamente como consecuencia de la proscripción del justicialismo luego de 1955, y pese a la baja calidad del ejercicio de la política, durante ese período la economía funcionó en sintonía con las dificultades y las ventajas de aquellos tiempos. La tasa de inflación, que en promedio era del 30 por ciento anual, no fue obstáculo para que el país se desarrollara, con empleo y aceptable distribución del ingreso, a una tasa promedio razonable del 4 por ciento anual.

Pero a partir de 1975, con el famoso "Rodrigazo", y sobre todo desde 1976, todo cambia y nuestra productividad, al llegar el año 2000, es menos de la mitad de la estadounidense. En veinticuatro años nos convertimos en el desastre que somos, y si hubo un período de crecimiento entre 1991 y 1998, fue a expensas de descomunales déficit presupuestarios, financiados con endeudamiento público merced a la Convertibilidad. En 1998, cuando los mercados financieros externos se cerraron para la Argentina, la crisis, hasta entonces oculta por la Convertibilidad, quedó al desnudo y el país comenzó a transitar la pendiente en la que nos encontramos.[7]

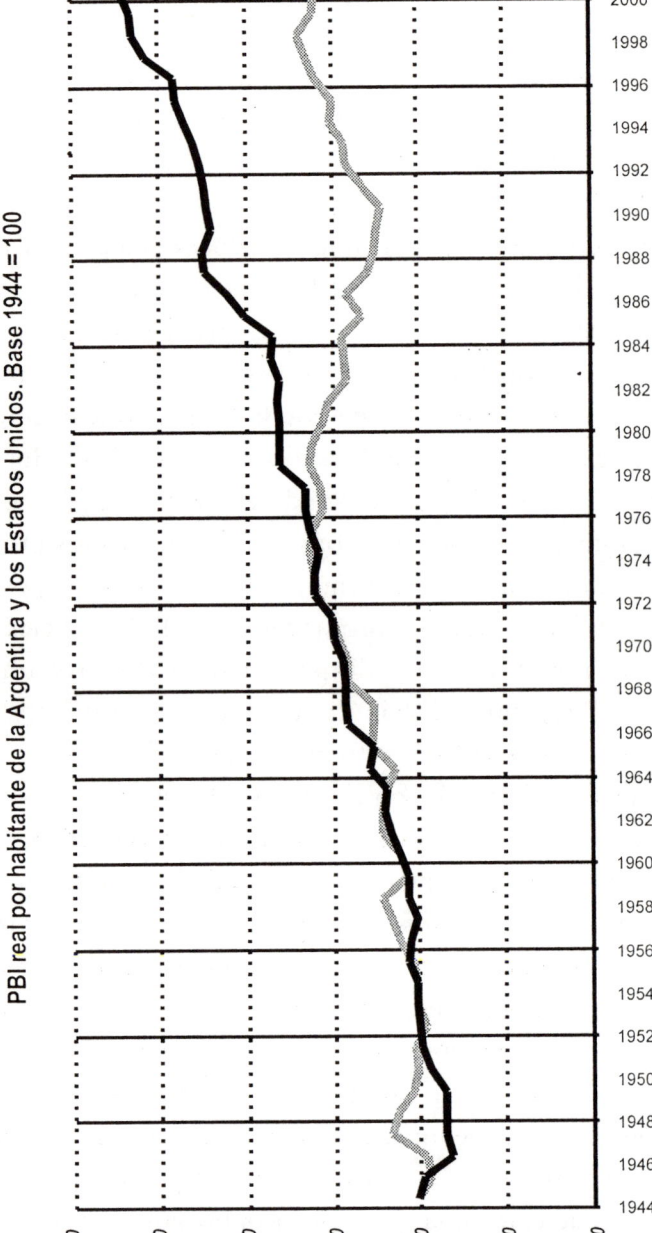

PBI real por habitante de la Argentina y los Estados Unidos. Base 1944 = 100

Fuente: EEM, Centro de Estrategias de Estado y de Mercado, sobre la base de: PBI real de los Estados Unidos (Bureau of Economic Analysis - US Department of Commerce), población de los Estados Unidos (US Census Bureau) - PBI real de la Argentina (1944-1969 CEPAL/BCRA; 1970-1980 Banco Mundial; 1980-2002 INDEC [MEYOSPJ) - Población de la Argentina (INDEC). Incluido por Carlos Leyba en "La Argentina de los Cuarenta", revista *Debate*, N° 1, 21 de marzo de 2003.

El período denostado por ineficiente (no cabe duda de que en su transcurso hubo errores de implementación y falta de eficiencia debidos a la inestabilidad política) se caracterizó por la coherencia ideológica propia del enfoque keynesiano. La esencia de éste radica en el reconocimiento comprobado de que la economía no tiende en forma automática a lograr el pleno empleo, de modo que es necesaria la intervención del Estado para lograrlo.

¿Cuál fue entonces la razón del quiebre de nuestra economía?

Durante el año 1973, los países productores de petróleo se agrupan en la OPEP y aumentan el precio del producto. Se pone en marcha entonces un proceso inflacionario en el ámbito mundial que desemboca en recesión económica y desempleo, al tiempo que se producen problemas de balances de pago que dificultan los servicios de las deudas contraídas. Fue la demostración de que la inflación y el desempleo podían producirse simultáneamente, y no como había sostenido John M. Keynes, de modo que los países se encontraron ante la necesidad de buscar un nuevo modelo económico que procurara ajustes fiscales y control férreo de la oferta monetaria. El FMI fue el impulsor de la nueva doctrina y, en consecuencia, se decretó *urbi et orbi* el abandono de la *praxis* keynesiana, aunque no hubiera en lo inmediato una ideología de reemplazo. Se seguía creyendo que el Estado era el vehículo adecuado para resolver las contradicciones del mercado.

El orden neoliberal, ¿mito o realidad?

El cambio definitivo se produce a partir de mayo de 1979, cuando Margaret Thatcher asume el cargo de Primer Ministro en Inglaterra y se convierte en aliada del presidente de los Estados Unidos, Ronald Reagan, para imponer ideas nacidas en la Universidad de Chicago. Es la nueva derecha económica que se identifica con el pensamiento de Milton Friedman y Friedrich von Hayek. Esa ideología no niega las fallas del mercado, pero descree de la eficiencia del Estado para resolverlas; el remedio sólo puede ser "más mercado". Así aparecen dos versiones de la macroeconomía neoliberal: la inglesa, que se inclina por un férreo monetarismo, y la norteamericana, que prefiere una economía ofertista que reduzca impuestos para estimular la producción.

En la Argentina se adoptó una actitud más pragmática que adelantó aquellas ideas debido a la influencia en el medio local de economistas que adherían a las ideas de la Escuela de Chicago. La receta consistió en abjurar del keynesianismo, abandonar la búsqueda de pleno empleo y controlar la oferta monetaria, que quedó subordinada a movimientos de capitales, pero con cambio controlado y manteniendo un déficit financiado con deuda externa. Así, la economía mixta comienza a funcionar con un Estado reducido a tareas ajenas a la regulación de la economía y que fomenta la privatización de todo aquello que sea privatizable.

A partir del cambio del paradigma económico, las curvas del cuadro precedente comienzan a separarse y el país inicia el camino de la decadencia. El discurso alienta una cosa; la realidad marca otra. Como no podía ser de otro modo, importa más el primero que la segunda.

¿El neoliberalismo es una doctrina elaborada para producir efectos contrarios al interés general? ¿Por qué los políticos, y aun algunos economistas, se refieren a él con una carga de desprecio? ¿Cuál es la fuente en la que basan su descalificación? Las respuestas a estos interrogantes requieren un análisis que trate de establecer cuánto hay de verdad en un concepto que ha calado tan hondo en la opinión pública, a punto tal que quien intente una defensa de esa doctrina queda automáticamente descalificado.

Comenzaremos afirmando que existe un alto grado de confusión ideológica —producto del desconocimiento— respecto de cuestiones que hacen a la evolución del pensamiento económico. Por lo tanto, resulta apropiado establecer los elementos relativos a esta nueva contribución académica al "liberalismo clásico", los cuales reposan, sobre todo, en el terreno de la microeconomía.

El problema surge al no diferenciarse adecuadamente entre teoría económica y política económica. Naturalmente, para los economistas profesionales la cuestión no admite demasiados reparos, pero en lo que respecta a los aficionados a la economía y a los políticos profesionales la confusión es total. Al no delimitarse con propiedad el campo de una y otra de aquellas disciplinas se produce un severo cuestionamiento a la Economía como ciencia social, dado que es lícito dudar, cuanto menos, acerca de su aptitud para contribuir a la solución de los graves problemas que aquejan a la humanidad. También algunos economistas contribuyen a fomentar esa duda, ya que sus debates impiden establecer una síntesis porque se producen desde posiciones ideológicas francamente opuestas.

El meollo radica en la naturaleza política de la cuestión. Pocos advierten las diferencias, no precisamente semánticas, entre teoría y política. Si bien se apoya en la producción, el bienestar social depende de la forma como ésta se distribuye en sociedades donde no todos disponen del mismo poder de negociación. Y la distribución, a su vez, es resultado de un esquema de preferencias políticas y no de criterios teóricos apoyados en la contribución de los factores a la generación del producto.

La confusión nace al no diferenciar microeconomía de macroeconomía, dos ramas que se han ido enriqueciendo merced a los aportes que la ciencia económica recibió durante los siglos XVIII, XIX y XX. El andamiaje teórico moderno es consecuencia de una verdadera evolución a partir de la economía clásica que da como resultado la "microeconomía neoclásica". En el campo de la economía aplicada, el cambio es producto de una nueva concepción macroeconómica fundada en la aplicación, a mediados del siglo XIX, de las ideas de Charles Darwin referidas a la evolución de las especies y a la supervivencia de los más capaces.

En su versión manchesteriana, el sistema capitalista se analiza en los trabajos de pensadores excepcionales como William Petty, Adam Smith, Thomas Malthus, David Ricardo y Karl Marx, por citar a los más destacados. Ellos fueron los que dieron nacimiento al modelo de "competencia perfecta", que se caracterizó por su objetividad, el apego a la realidad y su alto contenido social. De todos los pensadores citados, es Marx el único que intenta modificar el encuadre social a partir de su famosa "teoría de la plusvalía". Junto a Friedrich Engels, escribe en 1848 el *Manifiesto comunista*.

En el "capitalismo clásico", el lugar central lo ocupa la producción, que se genera en mercados absolutamente libres y competitivos en los que los acuerdos empresarios son considerados deformaciones que el Estado debe corregir, al mismo tiempo que controla la distribución. Este esquema se desarrollaba en un contexto de avances tecnológicos y con una alta oferta de mano de obra que mantenía deprimidos los salarios reales, según se deducía de la "ley de bronce de los salarios".

Ese capitalismo, en sus orígenes, se basaba en una "teoría lúgubre", ya que estaba imbuido de una alta cuota de resignación para las clases más pobres. La apelación a leyes regulatorias del mercado por parte del Estado en defensa de los consumidores y el intento de establecer principios de equidad en las finanzas públicas resaltan las características de la economía clásica: su base democrática y su realismo social.

En la década de 1870, un conjunto de autores establece una línea divisoria en la teoría económica que separa la economía clásica de la neoclásica, que entonces cobra cuerpo. Fue la consecuencia de cambios culturales —a los que la economía no podía estar ajena— producidos por el auge que adquiere el análisis matemático y su vinculación a la física. Precisamente por entonces, Charles Darwin (1809-1882) da a conocer su teoría sobre el origen de las especies, adaptada a los campos de la sociología y de la religión. Darwin comulga con las ideas del filósofo inglés William Spencer (1820-1903), quien otorga a la economía el sentido ético necesario para justificar a quienes consideran el mercado como medio más idóneo para seleccionar a los más capaces.

Es a partir de entonces cuando se afirma que, dado que los fenómenos que caen bajo el estudio de la economía son susceptibles de medición y que pueden ser expresados por funciones continuas, el uso del cálculo diferencial es el instrumento indispensable para las formulaciones teóricas. Se producen así importantes avances que contribuyen a enriquecer la teoría económica, sobre todo en el campo de la microeconomía, como consecuencia de aportes trascendentes de extraordinarios pensadores, tales como Karl Menger, Stanley Jevons y Leon Walras, entre otros. El genial sistematizador de esos aportes fue Alfred Marshall. Precursores de estos pensadores son Antoine A. Cournot, John S. Mill, Johann H. von Thünen, Jules Dupui y German Goosen. Existen también autores que continuaron realizando aportes significativos, como John Hicks, Oskar Morgenster y Richard A. Musgrave. La microeconomía liberal todavía se encuentra en evolución y está lejos de haber sido totalmente explotada.[8]

Los nuevos enfoques referidos al funcionamiento del sistema de precios, a equilibrios parciales y al equilibrio general se basaron en consideraciones referidas a las decisiones de los individuos, a partir de los principios utilitarios primero, y de los esquemas de preferencia después. Indudablemente, esto produjo una verdadera revolución intelectual con claras connotaciones en el campo de la economía aplicada. La ciencia económica adquiere desde mediados del siglo XIX —y aún mantiene— una importancia trascendente para el estudio del comportamiento de los productores y los consumidores.

Pero lo importante a destacar es que el pensamiento neoclásico o neoliberal, a diferencia del que era propio de la economía clásica, se apoya en una concepción individualista y no social, idealista y no realista, subjetiva y no objetiva. Es precisamente esta concepción la que se introduce con fuerza en la macroeconomía. No es difícil encontrar esos rasgos en la mayoría de quienes adscriben políticas económicas que elevan el mercado a la categoría de un "dogma religioso", al tiempo que descreen del Estado en cualesquiera de las funciones reguladoras de la economía para lograr la síntesis de los intereses sociales. Sin embargo, sus difusores —entre los que se destacan Hayek, Von Mises y Friedman— no advirtieron la contradicción que existe entre la democracia (régimen político que implica solidaridad) y el mercado (expresión de individualismo), en el que el éxito no depende de los méritos individuales sino del poder de negociación. Es la versión económica de la "supervivencia de los más capaces".

La primacía que algunos otorgan al análisis macroeconómico constituye un enfoque que, además de unilateral, es insuficiente, porque el presunto equilibrio de las variables monetarias y fiscales no asegura el pleno empleo, y tampoco la justa distribución de los ingresos. El repliegue del Estado, aspecto ideológico central en la macroeconomía neoliberal, deja a la sociedad desprotegida y constituye la renuncia explícita de los gobernantes a gobernar. Una sociedad abandonada a la suerte que le depare el mercado no sólo está desequilibrada, también es básicamente injusta.

Capitalismo y democracia

La afirmación anterior en modo alguno debe interpretarse como un alegato en contra del capitalismo, porque este sistema ha demostrado ser el más apropiado para generar riquezas. El mundo es como es precisamente porque los negocios, el libre comercio y los movimientos de personas y capitales han sido eficientes para generar un alto grado de bienestar económico, pero también porque la decisión política respecto del modelo de distribución está privatizada. Y así, los pobres, los indigentes y los excluidos constituyen el ochenta por ciento de la población mundial.

Naturalmente, los hombres de negocios argumentan que al perseguir el lucro maximizan el producto, dado que ellos son más aptos que los gobiernos para alcanzar el crecimiento económico autosostenido. Olvidan que al hacerlo subestiman el impacto de la actividad económica sobre el medio ambiente y dejan de lado las necesidades de la sociedad, que no se miden sólo por la producción de bienes privados.

El mundo de las empresas difícilmente está a favor de la democracia, de la justicia social y de la igualdad de oportunidades para todos. Está a favor de hacer acuerdos con los gobiernos para lograr precisamente lo contrario, es decir, para adquirir poder político como consecuencia del manejo que hace de los mercados y que le permite acrecentar su participación en la distribución de la riqueza que genera. El fin no es otro que erosionar el poder del Estado, sin comprender que la debilidad del Estado, en última instancia, pone en peligro la justificación de su legitimidad. El desequilibrio entre el Estado y el mercado que se produce desde mediados de los años setenta deja en condiciones de inferioridad notorias a los políticos respecto del poder empresario.

El automatismo del mercado, se alega, aseguraría el pleno empleo, ajustaría la inversión al ahorro y se produciría una justa distribución de la renta. Según tal concepción, los ciclos económicos constituirían fases propias del mundo de los negocios, de modo que la recesión sería resuelta también automáticamente. No está de más destacar que esta visión idílica colapsó con la Gran Depresión que se inició en 1929.

Se podría afirmar que, al proceder con una visión macroeconómica distorsionada, el neoliberalismo es, en todo caso, una posición intelectual con alto contenido de ingenuidad y muy difícil de "vender", ya que cuando existe divorcio entre la realidad y los postulados teóricos, sus defensores tienden a creer que el error está en la realidad. Siempre disponen de argumentos para racionalizar los fracasos, los cuales descansan en "los otros" y no en "nosotros". En todo caso, las fallas que produce el mercado se solucionan con más mercado, una fórmula ciertamente atractiva pero que choca con la evidencia empírica que proporcionan los países del Primer Mundo, que cuentan con arsenales proteccionistas y discriminatorios para defender sus intereses nacionales.

La cuestión más relevante que surge de este enfoque es la falta de sintonía con la democracia, dado que, como ya se dijo, los criterios individualistas desembocan en un esquema que agravia la solidaridad. En la medida en que posibilita la polarización en la distribución de los ingresos, el mercado no maximiza el bienestar general. La experiencia de nuestro país es concluyente al respecto, toda vez que desde 1976 el escenario argentino muestra niveles siempre crecientes de pobreza y marginación social.

El haber limitado las indelegables funciones económicas del Estado se materializó en importantes ganancias empresarias a costa del deterioro del tejido social, toda vez que la desregulación posibilitó el poder excesivo de las grandes empresas. Se trata de una visión capitalista que ha avanzado mucho más que lo que la prudencia hubiera aconsejado, porque los perdedores se cuentan por millones y porque, además, éstos no tienen dónde acudir para mitigar sus problemas. Por añadidura, ellos deben asumir las pérdidas netas derivadas de un sacrificio impuesto que ni siquiera será compensado con beneficios futuros. En este sentido, el capitalismo moderno se emparienta con el colectivismo.

Como se comprueba en el gráfico de página 128, precisamente cuando la productividad estadounidense comienza a crecer, los argentinos ingresamos en la senda de nuestras desventuras actuales. Ésta es la muestra más acabada del erróneo camino que hemos seguido como consecuencia de la falta de visión de una clase dirigente que "compró" incondicionalmente las bondades del mercado idealizado. Es así como nos quedamos sin Estado ni mercado. Nos han convertido en una curiosidad académica, dado que ningún país en el mundo involucionó de la manera que lo ha hecho la República Argentina. Y si eso fue consecuencia de condiciones impuestas desde afuera, no lo proclamemos como si se tratara de una virtud, porque correríamos el riesgo de pasar a formar parte del *Manual de zonceras argentinas* de Arturo Jauretche.

En el fondo, el neoliberalismo mantiene una postura filosófica equivocada: identificar el PBI con el bienestar de la sociedad. Al ser la economía una ciencia social, tiene al hombre como objetivo de sus postulados. Ya a fines del siglo XIX Wilfredo Pareto estableció como base de su modelo que la plena ocupación de los recursos no podía independizarse del estado de la distribución del bienestar, el cual se mide por la distribución del ingreso. El vínculo entre asignación de recursos públicos y privados y bienestar se establece por medio de una "función de bienestar social", cuyos parámetros son de naturaleza política, del mismo modo que lo son la determinación de gastos públicos y tarifas impositivas.

Como se desprende de lo anterior, no puede haber ausencia del Estado en el funcionamiento de una economía eficiente. No podría ser de otro modo, porque se trata de la unidad económica más grande del país y porque, además, tiene como función asegurar la igualdad de oportunidades para todos.

En la Argentina, la adopción del neoliberalismo como base filosófica de la política económica no fue una decisión autónoma sino la consecuencia de un orden que ingresó en los países emergentes en el marco de la denominada "globalización", concepto que en realidad se refiere a la nueva frontera ideológica impulsada por Ronald Reagan y Margaret Thatcher y que se consolida luego de la caída del muro de Berlín (1989) y la implosión soviética (1991). La globalización había comenzado a materializarse a partir de 1973, con la crisis del petróleo y el abandono de las políticas de cambio fijo por parte de los Estados Unidos, cuya moneda comienza a flotar respecto del oro.

Resumiendo: no es apropiado, desde el punto de vista técnico, confundir los avances de la teoría ya señalados con la aplicación del nuevo instrumental. La deformación aparece cuando se ignora que la política económica no puede ni debe pasar por alto los efectos distributivos que surgen de mercados imperfectos no controlados por el Estado.

El fracaso de las políticas neoliberales

La situación actual de la Argentina, luego de casi treinta años de vigencia de políticas económicas que no se diferenciaron en su esencia, es altamente demostrativa del fracaso de la concepción monetarista. Pero no es nuestro país el único que lo evidencia. El cuestionamiento, tibio al principio, comienza con la crisis de la deuda externa en México en 1994 y recrudece con la de los países asiáticos en 1997, seguidos por Rusia y Brasil. En todos ellos se habían abierto los mercados de bienes y los financieros. Se había potenciado la importancia del equilibrio presupuestario y la restricción monetaria, colocando la tasa de interés como variable de ajuste para controlar las especulaciones cambiarias.

Aun países europeos como Alemania, Francia, Italia y España, que siempre habían otorgado importancia a la cooperación económica y la regulación estatal con sentido social, sacrificaron esos ideales en favor de la competencia económica. Las reducciones impositivas y de las prestaciones sociales fueron el corolario de las medidas tendientes a favorecer el clima de los negocios "en manos" de empresas multinacionales que adquirían cada vez más movilidad. Hasta China comunista, frente a los resultados alcanzados por los países capitalistas asiáticos, comprendió que debía abandonar su esquema de planificación centralizada.

Adoptado el nuevo orden, surgieron interrogantes. ¿Es posible mejorar la situación social cuando las decisiones políticas favorecen sistemáticamente a las empresas multinacionales y al poder financiero mundial? ¿Cuál es entonces la función de un Estado que se olvida de los ciudadanos y legisla en favor de la expansión de una actividad económica que beneficia exclusivamente a los grupos dominantes? Sólo dos palabras bastan para responder estas preguntas: "no" y "ninguna", respectivamente. La afirmación neoliberal de que la brecha entre naciones ricas y pobres se estrecharía, del mismo modo que la distancia entre los ciudadanos ricos y los pobres de una misma nación, resultó falaz. En ambos casos, las diferencias crecieron.

El FMI y al Banco Mundial actuaron como poleas de transmisión de esta concepción monetarista al imponer, como condición para conceder créditos o renegociar deudas, ajustes estructurales, liberalizaciones cada vez más profundas y desregulaciones, todas y cada una de ellas inscriptas en un contexto de desregulación laboral y aumento de la presión impositiva. Así se debilitó la clase trabajadora, cuyos beneficios sociales, además, disminuyeron en cantidad y en calidad. Esta estrategia de los organismos internacionales de crédito es funcional al neoliberalismo, toda vez que, con la pretensión de atraer inversiones de riesgo o especulativas, aquéllos refuerzan las recomendaciones. El resultado es más desempleo y menos salarios y prestaciones. Todo en nombre del mercado.

Quienes justifican este enfoque económico sostienen que su objetivo es atraer inversiones y tecnologías provenientes de los países industrializados. Pero la realidad demuestra que las únicas que se materializan son aquellas destinadas a producciones que atentan contra el medio ambiente. Es altamente ilustrativo al respecto el hecho de que, mientras los Estados Unidos —aludiendo a la responsabilidad que compete a todas las naciones democráticas— reclaman la colaboración internacional para luchar contra el terrorismo, dan la espalda al Protocolo de Kyoto sobre el calentamiento global. No podemos afirmar que la localización de empresas contaminantes de carácter multinacional en los países emergentes sea responsabilidad de los Estados Unidos; el gran responsable de esto es el mercado. Pero sostenemos que éste siempre se identifica con las naciones que establecen las reglas de juego a escala mundial en materia económica.

La racionalización de estas localizaciones que buscan mano de obra barata, privilegios impositivos y crediticios y ausencia de regulaciones ecológicas, debe estar guiada por el beneficio que los países receptores habrán de tener en términos de avances tecnológicos y contribución al crecimiento. Pero esto no sucede en la realidad.

Ejemplo de lo dicho es la localidad de Cutral-Co, que nunca capitalizó los excedentes económicos que generó con la actividad petrolífera y que, librada a su suerte, se ha convertido en un verdadero páramo. Éste será el destino de las regiones productoras de recursos no renovables, donde no existen programas de desarrollo de riquezas sustitutivas. Lo mismo sucederá con nuestras tierras de cultivo mientras se sigan utilizando técnicas que, como la siembra directa, hacen uso intensivo de agroquímicos que destruyen los pastos naturales. Esas técnicas de cultivos intensivos, funcionales al esquema neoliberal, son "pan para hoy y hambre para mañana". El barbecho, la rotación de cultivos y la integración de la ganadería con la agricultura son, para los defensores de esa doctrina, "antigüedades" que no responden al modelo maximizador de las grandes cerealeras.

Qué otra cosa puede esperarse de fuerzas económicas a las que no se les opone un sistema político que haga un culto de la defensa de nuestros intereses nacionales. El desarrollo económico debe ser el objetivo a perseguir, sin subordinarse a la Sabiduría Convencional que se empeña en aconsejar la apertura de la economía al movimiento de bienes y capitales en función del consumo.

No es ocioso repetir que los países desarrollados no adoptan ese comportamiento. Véanse, si no, los cuantiosos subsidios que otorgan a diversos sectores económicos —la agricultura, por ejemplo—. La Argentina, por su parte, aplica retenciones a las exportaciones con el propósito de aumentar la recaudación impositiva y obtener un superávit primario que le posibilite pagar los servicios de la deuda, mientras reduce sus tarifas de importación para que otros países coloquen aquí su producción.

A los irradiadores de doctrinas que no aplican en su suelo no les importa que, por seguir sus consejos, la pobreza adquiera entre nosotros carácter de verdadera endemia; tampoco les preocupa que, en un país cuya producción de alimentos se duplicó en los últimos años, haya niños que se mueran de hambre. ¿Cuál es la respuesta que dan a este cuadro de situación? Más apertura, más mercado, mayores tasas de interés, mayor presión tributaria. Pero lo que causa más tristeza es que nuestra clase dirigente compra incondicionalmente estas propuestas; peor aún, en vísperas de elecciones muchos políticos viajan a Washington con el fin de obtener consentimiento para sus proyectos económicos.

Las consecuencias nocivas del neoliberalismo también alcanzan a las sociedades de los países centrales. Desde la Gran Depresión, nunca como ahora la distribución de los ingresos en el mundo industrial ha sido tan regresiva. También allí se reducen las prestaciones sociales y se disminuye la presión tributaria sobre las altas rentas. La filosofía explícita es reducir los costos empresarios y estimular la inversión, con lo cual no puede llamar la atención que la cotización bursátil de las corporaciones crezca cuando éstas anuncian planes de reestructuración que suponen dejar contingentes de trabajadores sin empleo. Se trata de un ejercicio de legítima defensa para evitar la absorción por parte de otras corporaciones. Son las paradojas del capitalismo mercantilista del siglo XXI.

Tampoco se crea que aquellos trabajadores de los países centrales que conservan sus puestos se sienten más seguros y felices en las empresas ajustadas. Todo lo contrario: su salud se resquebraja. Así lo demuestran los altos índices de estrés, obesidad y diabetes que padecen. La empresa moderna tiene como objetivo fundamental la generación de lucro a cualquier costo, incluyendo la destrucción de la vida humana.

El neoliberalismo es responsable de que el 3 por ciento de la mano de obra masculina se encuentre en las cárceles norteamericanas, porcentaje que no se contabiliza en las cifras de desempleo. En el país que se autoproclama paradigma de la libertad y la democracia, la población carcelaria actual supera en 800 por ciento a la que existía treinta años atrás.

En la Argentina, la exclusión ha llevado a la proliferación de barrios cerrados estrechamente vigilados, para que los que están en mejor condición social no se vean jaqueados por los pordioseros. Con todo, es imposible esquivarlos, y transitar por las calles en automóvil obliga a pagar peajes a quienes lavan parabrisas, venden chucherías o toman las esquinas como pistas de un circo. Así se paga el costo de haber deteriorado gravemente el tejido social, de haber roto los vínculos de solidaridad y de practicar la política del "sálvese el que pueda", porque el Estado nos abandonó a nuestra propia suerte.

Los dirigentes políticos piensan que todo esto es temporario, que se trata de los efectos no deseados de políticas mal aplicadas. La receta aconsejada es perseverar en el neoliberalismo, porque "siempre hay una luz al final del túnel". Empecemos de nuevo, dicen ellos, porque los errores están detrás y las virtudes, delante.

Al no comprender su fracaso y el de la ideología que han adoptado, los políticos dependen fundamentalmente del éxito que logren en los mercados financieros para obtener el "capital virtuoso" que abrirá las puertas del progreso. Debatir sobre la problemática nacional ya no aporta dividendos. Y si esos mercados financieros dictan que la puerta de entrada al progreso es otro ajuste estructural, los políticos demandarán más impuestos y menos partidas presupuestarias para salud, educación, defensa, etcétera. Y todo esto deberá hacerse, so pena de la tan temida excomunión financiera. El objetivo principal es obtener superávit para pagar *los intereses* del capital que adeudamos. Es sabido que el capital difícilmente se pague; por otra parte, es en el cobro de los intereses donde radica el negocio del prestamista.

Habida cuenta del poder que detentan los acreedores, nadie puede subestimar su capacidad para imponer sanciones, las cuales son mayores cuanto más grande sea la debilidad del Estado. Al respecto, una cosa es negociar con la Argentina y otra muy distinta es hacerlo, por ejemplo, con Brasil o México, aun cuando los efectos de la política económica que siguen estos países no difiera del patrón general, y sus resultados en términos de pobreza sean los mismos.

El poder que les otorga el neoliberalismo a las grandes corporaciones hace que el mercado esté dirigido por aquellos que manipulan las instituciones y tergiversan la lógica fundamental del liberalismo, que consiste en que la soberanía del consumidor canaliza los recursos para satisfacer la demanda. El uso que las corporaciones hacen de la publicidad conlleva a que sean ellas las creadoras de la demanda para sus productos en función de sus beneficios. Es la oferta la que crea la demanda y no la demanda la que pauta la oferta.

En este camino, ofrecen a los gobiernos de varios países promesas de inversiones, las cuales negocian a cambio de mayores ventajas. El redespliegue que las industrias argentinas han efectuado hacia Brasil es un claro ejemplo al respecto. El Mercosur está claramente distorsionado por la presencia de los grandes grupos empresarios en la mesa de negociaciones. En la medida en que los negociadores argentinos no han contemplado el interés geopolítico de nuestro país, los salarios de nuestros trabajadores tienden a reducirse para igualarse con los de nuestro vecino, iniciando así, desde hace una década, un camino sin retorno. El resultado no es otro que la "latinoamericanización salarial" de la Argentina.

La manera de sostener el nivel de los salarios en nuestro país no es ceder a las pretensiones empresariales sino estimular actividades "cerebrointensivas" para las cuales la Argentina está dotada. Vayan como ejemplo las que se vinculan al campo de la tecnología nuclear en sus distintas expresiones, las de la industria aeroespacial y las relacionadas con la biogenética y las del campo de la informática. Ninguna de estas actividades ha contado con políticas de Estado.

Las empresas se esfuerzan por cambiar aquellas reglas que atentan contra la maximización de sus beneficios. Esto es aceptable en el juego de poderes. Lo realmente malo es que su estrategia sea insertarse en las estructuras políticas, porque entienden que es allí donde reside la fuente para captar beneficios, y no en la reducción de costos y la inserción en el mercado con productos diferenciados.

De tal modo, el esquema neoliberal encierra a los gobernantes en un verdadero callejón sin salida. Se les exigen permanentes ajustes presupuestarios, pero si aumentan impuestos pierden el favor de la ciudadanía y del mundo de

los negocios, y si aumentan el gasto público aparece el ve-
to del FMI. La variable de ajuste, como no puede ser de otro
modo, está en las partidas que atienden el gasto social, *v.
gr.* los jubilados, la educación, la salud, etcétera. En consecuencia, el impacto recae sobre los pobres, que así se ven
cada vez más pobres, más faltos de oportunidades para salir de la exclusión, con menos capacidad para demandar
aun los bienes más esenciales; en definitiva, quedan cauti-
vos de las decisiones del mundo de las finanzas y de las
grandes empresas, y sin esperanzas de mejorar su suerte.

El neoliberalismo fracasa porque no puede hacer coin-
cidir los intereses del capitalismo con las necesidades huma-
nas y el crecimiento económico con la justicia social. Paradójicamente, éste es el resultado de gobiernos que, aunque
conceptualmente tienen ideologías distintas, se conducen
con los mismos parámetros económicos. Así, en nuestro
país se decretó la extinción definitiva del Estado de Bienestar, keynesiano o no, y se lo hizo en nombre del liberalismo, del justicialismo y de la socialdemocracia radical.

Al poner la economía en el papel de variable independiente, los intereses financieros, industriales y comerciales
adquieren primacía, porque es imprescindible que el gobierno cumpla con los servicios de la deuda, que representan el
25 por ciento del gasto público. Los gobiernos se ven forzados a cortejar permanentemente al FMI, al Banco Mundial y al Departamento del Tesoro estadounidense, que son,
precisamente, los representantes de aquellos intereses. Basta revisar la agenda de los funcionarios para concluir que
es muy fuerte la presión que se ejerce sobre la República, la
cual, así, pierde el control sobre su destino.

La economía, para el neoliberalismo, es la verdadera política. Y para nuestros funcionarios, la política económica define la acción del gobierno. El resto importa muy poco, si es que realmente importa.

Los gobiernos de los países centrales también son funcionales a esta nueva filosofía. No habían finalizado los disparos en Irak ni se había definido el gobierno que habría de suceder a Saddam Hussein cuando las tareas de reconstrucción ya habían sido asignadas a grandes corporaciones. No existió cuidado alguno para preservar de los bombardeos a los fabulosos tesoros de la Antigüedad, la mayoría de los cuales se perdieron, pero sí hubo especial consideración para que no se produjeran daños en las instalaciones petroleras. En realidad, quienes integran el gobierno estadounidense son o fueron representantes directos de grandes empresas, de las que actúan como vendedores de sus proyectos. Tampoco son pocos los casos de ex embajadores que cumplen esa tarea, como la experiencia de nuestro país puede certificar.

Los neoliberales vernáculos no comprenden —o no quieren comprender— que el crecimiento del PBI y, a partir de él, "una eventual mayor demanda agregada" nos alejan del sentido filosófico de la vida. El culto a la producción por la producción misma no necesariamente conlleva un aumento de la calidad de vida; antes bien, la empeora. Consumimos cerveza pues su publicidad nos satura, pero no consumimos buena educación, salud, seguridad y justicia. Cualquier producto proveniente de empresas privadas es presentado con un halo de virtuosismo por su contribución al crecimiento, aunque esté envenenando a nuestros jóvenes y niños. Por el contrario, los bienes sociales y la acción pública son desestimados porque nada agregan a la producción.

No se acepta que la intervención adecuada del Estado resulta de fundamental importancia para orientar la actividad de la economía. La acción progresista del Estado, hoy, aquí y ahora, debería, entre otras medidas, restar estímulo al uso de fuentes energéticas fósiles. El petróleo debería reemplazarse por sustitutos tales como la energía solar, la eólica y la proveniente del hidrógeno, que asegurarían usos más económicos y preservarían el medio ambiente. Este cambio produciría, entre otros, una modificación del sistema de transporte de pasajeros y cargas que sería beneficiosa para la sociedad porque posibilitaría la creación de puestos de trabajo.

En conclusión, sostengo que el fracaso del neoliberalismo se produce porque éste desestima la importancia de los derechos del hombre al excluirlos del sistema político que le asegura bienestar: la democracia. Si alguien no está de acuerdo con esta conclusión, lo invito a repasar la parte de la Constitución Nacional que se refiere a los derechos y garantías, la cual, desafortunadamente, se ha convertido en letra muerta.

Son pocos los argentinos que comprenden que hemos perdido la libertad que nos aseguró la Asamblea Constituyente de 1853 y cuantas la siguieron. Para reconquistarla hay que luchar por ella, y el mejor modo de hacerlo es discutiendo pormenorizadamente las propuestas que hacen los gobernantes, para tener la oportunidad de modificarlas o cambiarlas.

Para que eso sea posible, claro está, con la información

no basta: hay que educar y formar al ciudadano. Por lo general, el argentino acepta sólo aquello que se identifica con sus intereses inmediatos, y vota pensando en experiencias irrepetibles del pasado asociadas, normalmente, con el tipo de cambio, que es juzgado como un valor que las autoridades pueden fijar arbitrariamente. Esta creencia tiene su justificación en el uso que hicieron de él quienes instrumentaron las políticas desde 1976. En realidad, la actitud de los ciudadanos constituye un ejercicio de legítima defensa, porque, al perder la confianza en la moneda argentina debido al proceso inflacionario que comienza en la década de los cincuenta, se recurre al dólar para preservar los ahorros o formalizar contratos.

Abordaremos este tema en el capítulo siguiente, referido particularmente al régimen de Convertibilidad —pieza central del discurso neoliberal— y su aporte a nuestra cultura crematística.

Capítulo 6

El tipo de cambio
y la Convertibilidad

El síndrome del dólar

"¿Quién ha visto un dólar?", "El que apueste al dólar pierde" y "Les hablé con el corazón y me contestaron con el bolsillo" son expresiones paradigmáticas hechas por autoridades de la nación en tiempos de fuertes presiones cambiarias.[1] Cada una, en su momento, llevaba como propósito revertir decisiones tomadas por quienes buscaban la seguridad de sus ahorros en la compra de la divisa estadounidense.

Se trataba de escapar de coyunturas desfavorables por las que atravesábamos al no contar con los medios suficientes para atender las necesidades originadas en las importaciones y los servicios de la deuda. Al tiempo que se producía la fuga de dólares, la respuesta de nuestras autoridades era incentivar los ahorros en pesos mediante altas tasas de interés. Durante esos períodos de crisis financieras, los argentinos aprendimos a levantar mecanismos de autodefensa para resguardarnos de los procesos inflacionarios. Nació así una cultura económica que fuimos perfeccionando con el tiempo y una actividad de la que nos convertimos en maestros: la especulación financiera.

Se "democratizaron" prácticas que eran exclusivas de los empresarios y financistas que operaban en el comercio exterior. Este proceso comenzó en junio de 1976, a partir de la reforma financiera que posibilitó la garantía total de los depósitos. Esa reforma dio lugar a verdaderos escándalos financieros provocados por la apropiación de los depósitos por parte de los bancos, que defraudaban a la autoridad monetaria y a los ahorristas simulando operaciones de crédito. Altas tasas de interés y "tablita" cambiaria constituyeron las bases de la especulación financiera —considerada entonces virtuosa—, que empobreció a muchos más de los que enriqueció.

Desde entonces, la cotización del dólar "que nadie había visto antes" fue tema de conversación corriente y ya no nos abandonó. La predicción del valor de la moneda estadounidense era la pregunta que con más frecuencia se hacía a los entendidos, y a los no tan entendidos también. Cada uno tenía su "pálpito", pero, cualquiera fuera el valor futuro, el aumento de la divisa extranjera cubría al operador de un posible quebranto, de modo que "apostar al dólar" era sinónimo de ganar. Ante el menor atisbo de corrida cambiaria, hasta los más humildes hacían —y hacen— fila para comprar dólares.

La práctica de especular con la compra y venta de divisas comenzó en 1932, cuando se creó la Comisión de Control de Cambios y se establecieron canjes de moneda diferenciales para exportaciones, importaciones y movimientos financieros. A partir de entonces, subfacturar exportaciones y sobrefacturar importaciones fueron excelentes negocios.

La existencia de cambios diferenciales, combinados con la falta de fiscalización adecuada por parte del BCRA, de la Aduana y de la DGI, produce enormes distorsiones en la economía. El famoso caso del debate de las carnes en el Senado de la Nación al que ya me he referido se originó, precisamente, por la detección que hace la Aduana de documentación del frigorífico Anglo que demostraba tales prácticas fraudulentas. Contar con una autorización del Banco Central para negociar divisas por medio de los permisos previos de cambio, liquidar menos cantidades en la exportación, disminuir precios o alterar calidades, eran sofisticaciones operativas que hacían que el comercio de bienes fuera sólo un pretexto, ya que la verdadera utilidad radicaba en el acceso a divisas a precios inferiores que los del mercado.

Las técnicas utilizadas no fueron inventadas por los argentinos; sus creadores fueron los bancos y compañías de navegación que facilitaban la negociación de Conocimientos de Embarque falsos (algunos hasta permitían la triangulación de las mercaderías a terceros países) que, luego de ser negociados conforme las normas del Banco Central, eran reemplazados convenientemente de modo que, a su llegada a destino, reflejaban la operación verdadera y no la disfrazada ante nuestras autoridades. El famoso caso del contrabando de oro fue una operación de este tipo. Aunque la documentación registraba embarques de oro al exterior, el metal que se exportaba no era ese. Además de las divisas que, presuntamente, recibían del comprador, los "exportadores" se beneficiaban con los reintegros que le otorgaba el fisco. El delito, cuya causa judicial sigue abierta, se cometió aprovechando la miopía (¿fue sólo miopía?) de autoridades que concedieron reintegros para una producción inexistente en el país. La justicia, que está investigando el caso, también debería establecer la responsabilidad de quienes dictaron las normas que posibilitaron operaciones como ésta.

Más allá de que tales prácticas se mantienen, y continuarán en la medida en que existan derechos de exportaciones y reintegros, lo que nos importa destacar es el negocio que las divisas proporcionan a sus operadores al permitir precios diferenciales en su negociación. Se han dado casos de producciones enteras que han abandonado el país sin ser declaradas a las autoridades: el alpiste y el lino en su momento, y la pesca en la actualidad, debido a la piratería de quienes invaden nuestro mar continental. Así, el país pierde divisas porque parte de las que genera no se declaran, pero también porque la práctica cambiaria en el mercado lo posibilita. Tratándose de un país con ingentes compromisos externos, éste es el principal frente que las autoridades deberían controlar.

La famosa pregunta "¿Quién ha visto un dólar?" puede ser reemplazada hoy por "¿Quién no tiene un dólar guardado?", porque el argentino, que sigue desconfiando de nuestra moneda, ahorra en divisas, de modo que el intento de pesificar la economía choca contra nuestra cultura. Ésta ha posibilitado una extraordinaria fuga de capitales: se estima que en cajas de seguridad en el exterior hay depositados cerca de 35 mil millones de dólares cuyos propietarios son argentinos. La economía sólo puede llegar a pesificarse en la medida en que tengamos confianza en nuestro signo monetario, y para eso hay un largo camino a recorrer.

Aspectos funcionales del tipo de cambio

El análisis del período transcurrido entre abril de 1991 y diciembre de 2001, durante el cual tuvo vigencia el régimen de Convertibilidad, resultó muy rico desde el punto de vista sociológico. Puede afirmarse que durante esos años no hubo argentino que permaneciera ajeno al dólar; hasta los niños se acostumbraron al uso de esa moneda. Debido a que el valor del peso equivalía al del dólar, se optó claramente por éste para las relaciones contractuales más diversas, incluyendo depósitos a plazo fijo, de modo que el dólar formó parte del arsenal que los argentinos usan para preservarse de contingencias futuras. El triste despertar llegó con la devaluación decretada por el gobierno y de cuyos efectos no todos pudieron escapar.

Habida cuenta de que la situación a la que hemos llegado y a que el dólar nos acompañará por mucho tiempo en nuestras disquisiciones diarias, debido a la deuda externa acumulada y a la falta de políticas de Estado para generar divisas con el esfuerzo productivo nacional, es oportuno que ahondemos en este tema.

Un rasgo propio de los argentinos es el de enfrascarnos en la discusión de cuestiones instrumentales, como si nuestro futuro dependiera de ellas y no de las materias fundamentales que hemos señalado en los capítulos anteriores. Si bien esto puede ser compresible, vistos los agravios que ha sufrido la ciudadanía en términos de pérdida de patrimonio y de deterioro de sus ingresos, no resulta justificable en la medida en que, por dedicarnos a lo accesorio, perdemos de vista lo principal.

En el debate en curso acerca de la política económica se dibujan dos posiciones: la que defiende un modelo productivo y la que apoya un modelo especulativo. La primera se identificaría con un tipo de cambio "real alto", como el que tenemos desde la salida de la Convertibilidad, y la segunda, con un tipo de cambio "real bajo", como el que se aplicó durante la vigencia de la "tablita cambiaria" de Alfredo Martínez de Hoz y, más tarde, durante el régimen de Convertibilidad. De este debate participan economistas y políticos; no todos lo abordan con objetividad, y algunos desconocen cómo se determina el tipo de cambio en la economía. En consecuencia, es oportuno intervenir en esta controversia, que aparece planteada de un modo simplista y, sobre todo, lineal.

Quienes alegan en favor del dólar "barato" lo hacen porque lo asocian con períodos de estabilidad de precios y crecimiento de la economía, tal como ocurrió entre 1991 y 1998, después de los episodios hiperinflacionarios de 1989 y 1990, durante los cuales el dólar era "caro".

Es necesario destacar que en ambos períodos las reservas en el BCRA crecieron, por lo cual el argumento de que son necesarios tipos de cambio bajos o altos para fortalecer el respaldo de la moneda nacional es irrelevante. La variación positiva de las reservas está indisolublemente asociada a la confianza de los operadores económicos respecto del sostenimiento de los equilibrios de largo plazo, y la variación negativa se refiere a los desequilibrios de corto plazo. El tipo de cambio —o precio— del dólar es, en gran medida, una variable que depende de la confianza pública.

Cuando el tipo de cambio aumenta comienza a producirse la salida de capitales, porque los operadores cambiarios consideran que tal incremento es la evidencia de un proceso de deterioro continuo en el frente fiscal y monetario y el ajuste se produce a través del tipo de cambio. Sin embargo, debe recordarse que también con tipo de cambio bajo se producen corridas cambiarias (1999-2000) frente a expectativas negativas originadas también en la falta de confianza. En uno y otro caso, el tipo de cambio, al aumentar, tiende a converger con la implosión del sistema de precios o con la estrepitosa caída del salario real.[2]

Debe enfatizarse que el tipo de cambio es un precio que tiene la particularidad de servir como termómetro para reflejar eventuales patologías de la economía. Una economía sana tiene su tipo de cambio equilibrado y no da lugar a especulaciones financieras ni cambiarias.

Quienes debaten sobre el tema no pueden ignorar que el tipo de cambio real surge de la relación entre los precios de los bienes transados internacionalmente y los de los bienes locales. De tal forma, un dólar "alto" equivale a servicios baratos "expresados en dólares". Y dado que los productores locales trabajan con mano de obra intensiva, pagan salarios bajos en dólares.

La lógica devaluatoria acarrea, como contrapartida, el deterioro del salario real medido en dólares, lo cual es funcional al interés del sector industrial que está en condiciones de exportar y que puede sustituir, en parte, las importaciones. Para el sector agropecuario, la incidencia de la mano de obra es reducida en sus costos de producción, por lo tanto, si bien es cierto que puede obtener ventajas de la devaluación, esas ventajas serán mayores en la medida en que se encuentre endeudado en pesos. Las desventajas provienen de los costos de los insumos importados y de los combustibles que consuma. La combinación de todos estos factores produce un saldo positivo.

En cuanto a la demanda interna, el tipo de cambio "alto" la reduce debido a la caída del salario real, ya que la exportación compite con el mercado local: no se puede aplicar un precio al comprador externo y otro distinto al comprador local. Pueden producirse efectos positivos relacionados con la expansión del empleo asociado a la actividad industrial, pero no en la medida en que se producen en los países industrializados, donde la devaluación impacta sobre la industria expandiendo sus ingresos en una proporción mucho mayor que sobre la producción de alimentos. En el caso de aquellos países, se produce expansión del empleo y del ingreso, mientras que en nuestro caso puede haber expansión de empleos, pero siempre habrá contracción del ingreso. Ellos exportan bienes industriales e importan alimentos, nosotros exportamos alimentos e importamos bienes industriales. Es interesante subrayar que, en esta operación, el orden de los factores no es indiferente para el resultado.

En un país como el nuestro, cuanto mayor sea la devaluación más grandes serán los efectos contractivos sobre la actividad económica, debido a la disminución del salario real. Esto se debe a que en la estructura del PBI, el 77 por ciento corresponde a servicios y el 23 por ciento restante a las otras actividades. Es posible que el error de los partidarios del dólar alto radique en que crean que todavía somos aquella Argentina en la que la relación antedicha era inversa, del 40 y 60 por ciento, respectivamente.

Denominar "modelo productivo" a una política que postula un tipo de cambio real alto y que sólo beneficie de una manera despareja al 23 por ciento de la economía y condene a la pobreza absoluta al resto revela, cuanto menos, que alguna variable no está contemplada en el análisis. El error de quienes asocian el tipo de cambio alto con la magia recuperadora del ciclo es desconocer que el tipo de cambio es una variable que depende de la política económica. En realidad, es ésta la que induce los movimientos de oferta y demanda de divisas que impactan sobre el tipo de cambio. Tales movimientos reflejarán el clima de confianza en los negocios; si éste es positivo producirá entrada de capitales, apreciación del peso, baja de la tasa de interés, expansión monetaria y aumento de las reservas, acarreando repercusiones favorables sobre el conjunto de la economía; incluyendo el crecimiento del empleo y del salario real. Si, en cambio, si el clima es de desconfianza, se producirán los efectos opuestos. Tal es el mecanismo de ajuste que se produce si las autoridades no logran compatibilizar la política fiscal con la monetaria.

El tipo de cambio "real" se establece en ese contexto y no mediante el ejercicio voluntarista de las autoridades, porque, en el mediano plazo, las decisiones políticas no pueden fijar valores discrecionales a las divisas. Con equilibrio fiscal y sin restricciones operativas, carece de importancia que el precio del dólar se mantenga fijo o fluctúe. En ambos casos el valor de equilibrio es único.

Puede entonces afirmarse que la presión por uno u otro tipo de cambio es la resultante de la acción de grupos "ignorantes" que operan sobre autoridades que, muchas veces, también lo son. Los *lobbies* devaluacionistas deberían encontrar un freno en el sindicalismo, pero la experiencia de los últimos años revela que los dirigentes sindicales se encuentran más cerca de las posiciones empresarias que de las de los trabajadores.

El tipo de cambio alto —o "recontraalto", como expresara en su momento Guido Di Tella— asegura caída del salario real y recesión económica, y además empobrece a los argentinos, porque sus activos locales se reducen en dólares. En todo caso, no asegura el aumento del empleo ni tampoco de la inversión.

Una política económica seria determinará un tipo de cambio acorde con el manejo responsable de los factores fundamentales de la economía. También velará por mantener el equilibrio a largo plazo, aspecto de suma importancia para despejar la incertidumbre que ataca de lleno el corazón del sistema: la inversión de riesgo. El manejo responsable de la política económica consiste en aislar las decisiones económicas de los intereses de grupos; asimismo, se debe abogar en favor de un Estado que contemple el interés general y actúe como verdadero árbitro entre los intereses de productores y consumidores, oferentes y demandantes en los distintos mercados.

La opinión pública que estuvo involucrada en el debate cambiario de los últimos veinticinco años fue confundida por quienes difundieron las "bondades" de la tablita cambiaria y, posteriormente, de la Convertibilidad, hasta el punto de considerar que esta última fue una creación intelectual del entonces ministro de Economía, Domingo F. Cavallo. Ni el ex ministro ni el entonces presidente Menem son sus inventores. Por añadidura, ellos exhibieron desconocimiento de las exigencias técnicas para su funcionamiento. El altísimo costo de tamañas soberbia e ignorancia fue pagado por el país; así lo indica el monto de la deuda externa.

El tipo de cambio bajo sirvió para sacar al país de la hiperinflación y, al mismo tiempo, permitió que los sectores ganadores durante los últimos veinticinco años vivieran una realidad que la Argentina no podía ofrecerles con sus recursos genuinos. Al mismo tiempo, los perdedores fueron ingresando en una pesadilla de la que tardarán mucho tiempo en salir. Como los beneficiados son los que pesan más en la sociedad, por su posibilidad de manifestarse, vivimos en aquel tiempo un clima altamente especulativo, mientras nos despeñábamos en un precipicio sin fondo a la vista.

Irresponsablemente, durante la vigencia de la Convertibilidad, se mantuvo el tipo de cambio fijo con una absurda política fiscal que, en los hechos, hizo que el Estado no financiara su desequilibrio presupuestario con emisión lisa y llana de moneda sino con una emisión que tenía como contrapartida el crecimiento de la deuda. Quienes perdieron más en ese juego fueron aquellos ilusos que, llevados de la mano por el sistema financiero, quedaron encerrados en la trampa que el gobierno armó.

Como ya se ha dicho, la convertibilidad no es algo novedoso, se trata de un instrumento de política económica cuya descripción se encuentra en la literatura de la materia. Dinero convertible significa que la moneda local se puede cambiar por otra extranjera a una tasa legalmente prefijada. El antecedente clásico es el de la moneda inglesa del siglo XVIII, cuando el Banco de Inglaterra emitía dinero provisional cambiable por una onza de oro, a la cotización de 3 libras, 17 chelines y 10 peniques. Así quedaba establecido el valor del dinero definitivo, que, en esencia, era una mercancía (oro).

La convertibilidad se instrumenta por medio de una caja de conversión, y es utilizada cuando una moneda deja de ser confiable y, por lo tanto, ya no es demandada por el público. La moneda local es convertible, a una tasa fija, en cualquier momento que se requiera y por la cantidad que se demande, en la moneda de referencia, que le sirve de respaldo en un ciento por ciento. El régimen puede operar a través del sistema bancario y el respaldo puede incluir otros activos de alta liquidez. Este régimen impide que los políticos manejen discrecionalmente la moneda, pero tiene el inconveniente de impedir el ejercicio de una política monetaria activa, porque la masa monetaria que existe en el sistema queda condicionada a la oferta y de demanda de la divisa extranjera.

Naturalmente, es un sistema que favorece al capital extranjero, porque el tipo de cambio fijo proporciona un seguro de cambio gratuito al posibilitar que la divisa extranjera mantenga su precio invariable a través del tiempo, y además rinde beneficios significativos debido a la diferencia entre las tasas de interés del país del que proceden los capitales y las del nuestro. Quien trajo capitales a la Argentina para colocarlos en el sistema financiero a tasas de interés locales se benefició con esa diferencia y, al vencimiento, remitió a su país de origen un monto muy superior al original. Pero esto no es todo: como no existía control de capitales, aunque éstos ingresaran "oficialmente" podían ser sacados del país sin dejar registro; de esta manera, era posible reclamar al BCRA su devolución si, eventualmente, se establecía alguna restricción en el movimiento de divisas. Se trata de una forma de aumentar la deuda del país que también fue utilizada en épocas de la tablita cambiaria de Martínez de Hoz.

Cuando se adopta un régimen de convertibilidad se asesta un golpe a quienes pretenden manejar la economía por medio del control de la oferta monetaria, porque bajo esas condiciones el sistema se ajusta a través del tipo de cambio (uno de los epígonos de esta concepción monetarista es el profesor Milton Friedman, de la Universidad de Chicago). Pero en un contexto de desborde fiscal y alta inflación, sin régimen de convertibilidad, la expansión monetaria que se produce para financiar el déficit arrastra el tipo de cambio y acentúa así la inestabilidad económica. De este modo el sistema desemboca en la hiperinflación. Esto fue lo que ocurrió en nuestro país entre 1987 y principios de 1991.

Pocas alternativas existen frente a tal circunstancia y una de ellas es producir el "anclaje" de la economía por medio de la fijación del tipo de cambio, de modo que la compra y venta de la divisa extranjera produzca expansión o contracción de la base monetaria. Este mecanismo es propio del liberalismo clásico y fue el régimen que adoptó la Constitución Nacional de 1853 al establecer que corresponde al Congreso "hacer sellar la moneda y fijar su valor y el de las extranjeras" (art. 67, inc. 10).

El mérito mayor del tipo de cambio fijo en un régimen de convertibilidad es el de cambiar muy rápidamente las expectativas inflacionarias, no sólo porque se asegura la paridad del peso sino porque ésta se funda en el compromiso del Estado de no emitir para financiar el desequilibrio del presupuesto. Se produce entonces un fuerte ajuste sin connotaciones recesivas, dado el *shock* de confianza que se transmite a la población.

¿Por qué la Argentina adopta la Convertibilidad? Por necesidad.[3] Desde que Domingo Cavallo se hizo cargo del Ministerio de Economía hizo esfuerzos para que las periódicas devaluaciones que provocaba se tradujeran en un tipo de cambio real más alto, lo cual era técnicamente imposible, porque no se actuaba sobre la reducción del gasto público. Pero como el doctor Cavallo era defensor del tipo de cambio fluctuante, insistía creando nuevos impuestos[4] y aumentando la desconfianza.

Si, como se insistió en sostener, el ministro hubiera sido defensor de la Convertibilidad, la hubiera establecido en febrero de 1991 al asumir su cargo y no a mediados de marzo, cuando advierte su fracaso y envía un proyecto de ley al Congreso en el que se sobrevaluaba la paridad estableciéndola en 10.000 australes por dólar.[5] La Convertibilidad fue anunciada como si se hubiera tratado de un hallazgo científico —ya hemos dicho que no lo fue— y seguramente habría podido cumplir una función trascendente en la economía nacional si no hubiera finalizado de manera traumática.

Fracasó porque no se cumplió con los requisitos que le son fundamentales. Primero, no se redujo fuertemente el gasto público y, al no eliminarse el déficit, en lugar de financiarlo con emisión se lo sostuvo con deuda pública. Segundo, no se observó de manera irrestricta la autonomía del BCRA. Tercero, la paridad fijada hizo que la apertura de la economía funcionara en una sola dirección, la de las importaciones, que arrasaron con la industria local beneficiadas por un dólar barato. Cuarto, se permitieron los contratos en dólares, dando lugar así a una economía bimonetaria en la cual las deudas en moneda extranjera debían pagarse con ingresos en pesos. El doctor Cavallo, que desconocía el funcionamiento de la convertibilidad, se enamoró del "uno por uno" igual que el resto de los argentinos, sin darse cuenta de que la acumulación de la deuda externa y el pago de sus intereses nos llevaban al desastre.

Es cierto que la inflación fue controlada y que creció el PBI, pero esto se debió al mayor consumo y a las inversiones dirigidas al sector de los servicios. El aumento del gasto público y la expansión monetaria originada en los flujos de capitales atraídos por la sobrevaluación cambiaria crearon la ilusión de un mundo idílico. Mientras tanto, el desempleo crecía y la pobreza aumentaba. Todo terminó cuando se desataron las crisis del Sudeste asiático, de México, Rusia y Brasil. Éstas sensibilizaron a los inversores, que en 1998 dejaron de financiar al Estado.

A partir de ese momento comienza a incubarse un proceso que iba a provocar la estafa de mayor alcance perpetrada por un gobierno y la más violenta transferencia de ingresos entre sectores de la sociedad. Cuando los políticos advierten que todo se derrumba, aprueban una ley que denominan de "Intangibilidad de los Depósitos", con la pretensión de impedir el pánico de los tenedores de dólares en cuentas bancarias. Pero esa medida no fue suficiente. Al poco tiempo, se decreta la inconvertibilidad y se bloquean los depósitos en dólares, los cuales serían devueltos al cambio de 1,40 peso más un ajuste por variación de precios. Quienes optaron por la devolución en dólares recibieron títulos de la deuda a diez años de plazo. Como contrapartida de esos depósitos se encontraban las colocaciones que las entidades habían hecho a empresas y al Estado. Para las primeras se efectuó la misma corrección, mientras que para las segundas se declaró el *default*, compensando al conmocionado sistema financiero con nueva emisión de deuda.

¿Quiénes perdieron y quiénes ganaron? Entre los primeros se encuentran los ahorristas, los poseedores de activos y los trabajadores, estos últimos debido a la disminución de los salarios reales. La sociedad perdió, no sólo porque el PBI medido en dólares cayó dramáticamente[6] sino porque, además, deberá pagar en el futuro el costo del mayor endeudamiento, que agrava la situación presupuestaria. La declaración de *default*, además, ha cerrado las posibilidades de que la Argentina acceda a los mercados financieros, al menos por un tiempo largo y luego de la renegociación de los bonos emitidos.

Entre quienes ganaron se encuentran, fundamentalmente, los deudores en divisas, que han visto licuada una parte significativa de los créditos tomados. Como entre ellos se encuentran grandes grupos económicos, es altamente posible que, con el grado de información del que siempre disponen, hayan girado al exterior fuertes sumas de dinero antes del estallido de la crisis.

El abandono de la Convertibilidad de un modo tan traumático podría —y debió— haberse evitado si la dirigencia política hubiera tenido claridad acerca de sus fundamentos. Esto fue advertido, infructuosamente, por algunos economistas profesionales, entre los que me conté.[7]

Criterios para alcanzar la competitividad

Como ya se ha dicho, luego del abandono de la Convertibilidad surge el debate acerca del nivel del tipo de cambio, en cuyo trasfondo subyace la búsqueda de la competitividad de la economía nacional.

Son tres las pautas que deben observarse para alcanzar la competitividad. La primera indica que, para ser competitivo, cualquier país debe tener su sector externo equilibrado. Si debe recurrir al endeudamiento para cubrir su déficit en cuenta corriente, la tasa de interés que pague debe ser inferior a su tasa de crecimiento. Esta afirmación no necesita apoyarse en ninguna argumentación sofisticada, ya que endeudarse es siempre provechoso "en la medida que la rentabilidad de la inversión sea superior al costo de tomar deuda". No ha sido éste el caso de la Argentina, ya que la tasa de interés promedio que debe pagar por su deuda es superior al coeficiente de crecimiento del PBI, no obstante haberse mantenido éste en un promedio anual del 6 por ciento entre 1991 y 1997. Desde este último año, la tasa de interés ha aumentado significativamente como consecuencia de las refinanciaciones convenidas, mientras que el PBI descendió notablemente. La brecha señala una pérdida manifiesta de competitividad.

La segunda pauta se refiere a la tasa de inflación, que no debe ser mayor que la de los países con los cuales el comercio es más significativo, ya que si así fuera, los precios aumentarían más que los de esos países, lo cual conduciría a una devaluación para restaurar la competitividad perdida. Cuando se produce un desbalance comercial, una forma de recuperar el equilibrio es reduciendo las importaciones a través de recesión económica, lo cual permitiría, simultáneamente, aumentar las exportaciones.

Desde ya que este mecanismo de ajuste externo no conduce al equilibrio del sistema, no sólo por su impacto sobre los niveles de empleo e ingresos sino también porque, al mismo tiempo, induce un círculo fiscal perverso: menor nivel de actividad significa disminución de la recaudación impositiva debido al estrechamiento de las bases de imposición, que se suma a la caída de la recaudación aduanera y al aumento de los reintegros a las exportaciones por devolución del IVA.

En la época de esplendor de la Convertibilidad, los panegiristas del desequilibrio comercial fundaban su razonamiento en que ese desequilibrio existía porque desde el exterior estaban dispuestos a financiarlo, lo cual era considerado un índice de confianza. Pasaban por alto que tal desbalance era consecuencia del exceso de consumo originado en los sectores beneficiados por la redistribución regresiva de los ingresos y por la nunca reconocida sobrevaluación cambiaria.

Finalmente, la tercera pauta a observar para alcanzar la competitividad indica que ésta requiere de una situación interna de pleno empleo o, al menos, de una tasa de desempleo inferior a la de aquellos países con los que se comercia significativamente. Este criterio es decisivo y de orden superior a los dos anteriores, dado que carece de sentido acudir al ahorro externo a tasas de interés inferiores a las del crecimiento del PBI y mostrar un escenario de estabilidad total si, al mismo tiempo, todo eso se sostiene con un desempleo diferencial mayor. En 1999 afirmé, y el curso de los acontecimientos lo certificó, que el desempleo aumentaría significativamente a partir de la recesión iniciada en 1998 debido a la contracción de la liquidez internacional y la desaparición del crédito para la Argentina.[8]

En conclusión, la competitividad de un país no se mide exclusivamente por el tipo de cambio sino también por la forma en que se satisfacen los tres criterios expuestos. En este orden de ideas, queda claro que la economía argentina está inserta en el mundo de una manera muy precaria, al costo de sostener un cuadro social muy desequilibrado y de carecer, en consecuencia, de condiciones para competir internacionalmente y brindar al mismo tiempo el bienestar que demanda la población. Esto no puede ser de otro modo si se concuerda con que el comercio exterior resulta de la expresión productiva de un país con pleno empleo.

Si el sistema no gana en competitividad externa no puede generar excedentes para un crecimiento autosostenido, es lógico entonces que, en su frente externo, tenga desequilibrios que deban ser financiados con endeudamiento.

Pero esto no es todo; el neoliberalismo tampoco ha puesto en orden las finanzas públicas. Veamos por qué.

El déficit fiscal

El equilibrio de las cuentas públicas constituye uno de los fundamentos de la Sabiduría Convencional neoliberal, si al mismo tiempo éste es el resultado de un Estado prescindente en el acontecer económico. Independientemente del grado de ocupación de la capacidad de producción instalada, se afirma que las cuentas públicas deben estar equilibradas para evitar el recurso de la emisión monetaria para financiar al Tesoro. Con este razonamiento, la macroeconomía se agota en una operación aritmética muy simple, en la que el pleno empleo se alcanza automáticamente; poco importan los avances registrados por la teoría económica luego de la Gran Depresión.

No cabe duda de que, para el neoliberalismo, el estudio de macroeconomía se agota antes de llegar a los avances registrados desde Keynes en adelante, aun considerando que el keynesianismo como *praxis* de política económica haya dejado de existir luego de la crisis del petróleo a principios de los setenta.

Pero, como la experiencia de nuestro país lo indica, entre 1991 y 1998 el gasto público consolidado creció en moneda corriente de manera sostenida, y aunque los recursos tributarios también crecieron, fueron insuficientes para alcanzar el equilibrio, razón por la cual fue necesario acudir al endeudamiento externo, pese a los recursos obtenidos por la venta de las empresas públicas, consideradas responsables de los déficit del pasado.

De esta manera, la presión sobre los productores argentinos se ejerció, primero, por medio de un tipo de cambio sobrevaluado[9] que discriminaba en desmedro de los bienes transables, efecto que se acentuaba cuando las cotizaciones de los productos en el exterior eran inferiores a sus similares argentinos. Segundo, mediante el impacto de la mayor demanda de bienes no transables por parte del Estado, que contribuía a la distorsión de la estructura de precios relativos, y tercero, porque el costo del financiamiento del Estado se resolvía por medio de impuestos distorsivos y de una tasa de interés real que hacía atractiva para el inversor externo la compra de papeles de la deuda pública. Con una tasa de inflación muy próxima a la estabilidad absoluta, el costo diferencial del dinero y la mayor presión tributaria —medida por el gasto público— constituyeron verdaderos agravios a la producción nacional.

Por supuesto, a la expansión monetaria que tuvo su contrapartida en los movimientos de capitales externos se la consideraba virtuosa, mientras que si era causada por la colocación de títulos del Tesoro en el BCRA constituía una herejía. De esta manera, la marcha de la economía argentina dependía de una variable que nadie en el país controlaba: los flujos de capitales. De ellos dependía la suerte de vidas y haciendas de los argentinos. No es de extrañar entonces que se dispensara más atención y cuidado a los capitales que a los ciudadanos —empresarios o asalariados—, que importaran más los juicios del establishment financiero —local y externo— que los de los argentinos que debían sufrir las consecuencias de una política neoliberal injusta que discriminaba en contra de los verdaderos intereses nacionales.

Si alguien planteaba la problemática en estos términos, la respuesta que recibía era que no había más alternativa que aplicar aquella política económica, como si dentro de las restricciones que ésta imponía no hubieran habido posibilidades de modificar, al menos, algunos instrumentos. Esto constituye una verdadera trampa intelectual. Es la que ha montado el neoliberalismo a través de sus códigos, que hace que la gran mayoría de los economistas haya "comprado" la receta recesiva frente a la crisis, tal vez porque sobraba ejercicio macroeconómico pero faltaba vivencia de la microeconomía. Otros, en cambio, que se creen dueños de una visión realista, sostienen que el futuro de los países emergentes, como el nuestro, está signado por una secuencia de estabilidad y devaluación —producto de la tiranía de los acreedores internacionales— basada en el sacrificio de los sectores pobres de la sociedad, cada vez más numerosos.

El criterio de unidireccionalidad y de falta de alternativas es falso y debe rechazarse de plano, aun dentro de las pautas neoliberales. No se puede afirmar seriamente que el gasto público y la estructura tributaria no pueden ser cambiados procurando una mayor progresividad. Tampoco es correcto asegurar que los organismos de control no pueden ejercer sus funciones para mejorar la calidad de los servicios públicos y evitar que los prestadores cometan abusos tarifarios. No es imposible establecer un sistema adecuado para auditar la oferta de bienes sociales tales como la educación, la salud, la justicia o la previsión social. Es equivocado sostener que la apertura de la economía se puede establecer aun sin contar con organismos aduaneros adecuados e instrumentos de control eficientes para impedir la invasión de mano de obra indocumentada, de muy baja productividad, que se aprovecha del gasto público al tiempo que no tributa y remesa al exterior parte de sus ingresos.

Todo el esfuerzo del neoliberalismo está destinado a mantener el sistema financiero sin tensiones y el presupuesto en equilibrio aun sin atender al principio de restricción, porque siempre está abierta la imaginación para crear o aumentar impuestos que, fatalmente, recaen sobre el reducido universo de quienes los pagan. Y también porque el déficit encuentra "generosos" prestamistas dispuestos a "arriesgar" sus capitales. Ciertamente, para ser aplicado con eficiencia, el neoliberalismo requiere muy poco más que saber sumar y restar.

Es hora de que se comprenda que, si bien el equilibrio presupuestario —incluyendo los servicios de la deuda— es un principio a observar en las finanzas públicas, éste no debe medirse sólo por los aspectos monetarios sino también por la estructura de gastos y financiamiento, que debe estar sujeta a su función social y no puede ser considerada como un simple ejercicio matemático. Este criterio es fundamental, no sólo por la justicia distributiva sino también porque contribuye al equilibrio del tipo de cambio debido al impacto que la eficiencia presupuestaria tiene sobre la competitividad.

Historia de la convertibilidad en la Argentina

Fueron varias las oportunidades en las que nuestro país adoptó un régimen de convertibilidad. El primero de tales antecedentes tuvo lugar en enero de 1867, bajo la presidencia de Bartolomé Mitre, y se prolongó hasta mayo de 1876. El ministro de Hacienda de entonces, Lucas González, fijó la paridad en 16 pesos por cada onza de oro, debido al fuerte ingreso de capitales que se produjo como consecuencia de los superávit comerciales; el objetivo de la medida era impedir una apreciación excesiva de la moneda local. Fue una decisión acertada, ya que la nación atravesaba por un período de prosperidad inédita pero, al mismo tiempo, ya se incubaban los futuros desequilibrios externos.

Como la moneda comenzó a revaluarse en la medida en que los precios internos subían, eso produjo un sesgo antiexportador, porque aumentó el poder adquisitivo de la moneda nacional en el exterior. Como consecuencia, en 1873 las exportaciones sólo cubrían el 64 por ciento de las importaciones. Simultáneamente, se paralizaban los ingresos de capitales debido a la crisis internacional y también porque se dudaba de la capacidad de la Argentina para cubrir los servicios. La combinación de déficit comercial y servicios de la deuda llevó a que el gobierno tomara oro de la Oficina de Cambio. El resultado fue un agudo proceso de iliquidez que produjo la duplicación de la tasa de interés, con lo cual se cortó la cadena de pagos al interrumpirse el circuito del crédito. El aumento de la tasa de interés tuvo como contrapartida la caída de la cotización de los bonos públicos.

En el marco de esta crisis, el presidente Nicolás Avellaneda procuró un fuerte ajuste del gasto público, que incluyó un descenso del 15 por ciento del sueldo de los empleados estatales; también redujo los aportes de la Nación a las provincias. No obstante, esas medidas fueron insuficiente porque, en el ínterin, las importaciones se redujeron 50 por ciento y produjeron una merma de los ingresos fiscales del orden del 80 por ciento respecto del año anterior. Este proceso acumulativo llevó a la suspensión de la convertibilidad y al cierre de la Oficina de Cambios. Los intereses extranjeros impusieron como ministro de Hacienda a Norberto de la Riestra.

El segundo antecedente de un régimen de convertibilidad se localiza entre noviembre de 1881 y octubre de 1885, después de lograda la pacificación nacional. La ley 1130, del 5 de noviembre de 1881, fue promulgada por el presidente Julio A. Roca y su ministro de Hacienda, Juan J. Romero. Se produjo de inmediato un importante ingreso de oro originado en préstamos destinados a la expansión de la economía, pero en 1882 comenzaron a aparecer nuevamente los déficit comerciales, que en 1884 ya duplicaban la entrada de capitales. La situación se volvió insostenible por las mismas razones, es decir, egreso de capitales debido a la sobrevaluación cambiaria, crisis de iliquidez, aumento de las tasas de interés, caída de la cotización de los bonos públicos y crisis bancaria. La reacción del presidente Roca y su entonces ministro de Hacienda, Victorino de la Plaza, fue suspender nuevamente la convertibilidad. No quedaba otra salida porque se había aprendido de la experiencia anterior y se conocían mejor los fundamentos teóricos de esta regla monetaria.

El tercer antecedente merece un comentario especial. Para el año 1890, el déficit presupuestario estaba prácticamente fuera de control, lo cual produjo una alta emisión monetaria. Era la consecuencia de la pésima administración llevada adelante bajo la presidencia de Miguel Juárez Celman. La inflación emergente, contemporánea del ingreso de capitales, provocó una crisis del balance de pagos por apreciación del peso. El Estado cayó en bancarrota debido a la insuficiencia de divisas para atender los servicios de la deuda y la situación desembocó en la renuncia del Presidente y su reemplazo por el vicepresidente Carlos Pellegrini, apoyado por el general Julio A. Roca.

Las inversiones del período anterior, realizadas durante la presidencia de Juárez Celman, permitieron, logrado el saneamiento financiero, la rápida recuperación económica posterior. Bajo la gestión de Carlos Pellegrini disminuyó el gasto y aumentó la recaudación; en 1890, por ley 2571, se creó la Caja de Conversión. Pero antes de decretar la convertibilidad con un tipo de cambio nominal alto, Pellegrini, haciendo gala de su condición de estadista, esperó hasta que los precios disminuyeran, adoptando mientras tanto un tipo de cambio fluctuante, porque su idea era alcanzar el tipo de cambio vigente en 1884.

A medida que la confianza renacía, también mejoraba la situación económica, las exportaciones crecían y los capitales volvían a afluir al país. Así fue cayendo el tipo de cambio hasta que en 1899 el peso oro se cotizaba a 2,25 pesos. Fue entonces cuando Pellegrini remitió un proyecto de ley al Congreso, que resultó aprobada y llevó el número 3871. Por medio de esa disposición se restableció la convertibilidad a razón de 2,2727 pesos por cada peso de oro sellado. Este valor permitió la expansión de la economía entre 1900 y 1914 a tasas hasta entonces desconocidas, apoyada en un crecimiento promedio anual de las exportaciones del orden del 7,5 por ciento.

La experiencia de ese período demuestra que la convertibilidad, para ser exitosa, requiere de cuentas externas con superávit que permitan la afluencia de capitales extranjeros. La expansión monetaria así generada asegura ausencia de inflación y tasas de interés reducidas. Todo eso puede lograrse si, como punto de partida, el peso no está sobrevaluado y si las cuentas públicas están ordenadas y compatibilizadas con la política monetaria.

Sin embargo, a partir de 1907 y hasta 1913 las reservas internacionales comienzan a mermar debido a la caída de los precios de las exportaciones y al aumento de los de las importaciones, es decir al deterioro de los términos del intercambio. La razón debe encontrarse en la crisis internacional que desembocaría en la Primera Guerra Mundial. Los capitales dejan de afluir y nuevamente aparecen la crisis de iliquidez y las consecuencias que le son propias y que el país ya había experimentado. El 9 de agosto de 1914, por ley 9481, el presidente Victorino de la Plaza y su ministro de Hacienda, Enrique Carbo, decretan la inconvertibilidad del peso.

El cuarto antecedente en nuestra historia de uso de un régimen de convertibilidad fue efímero. En 1927 se produce un importante ingreso de oro (O$S 477 millones) que obliga al presidente Marcelo T. de Alvear y a su ministro de Hacienda, Víctor Molina, a establecer nuevamente la convertibilidad, el 25 de agosto de ese año. Sin embargo, y como consecuencia de la crisis financiera internacional, a partir de junio de 1928 el oro que había ingresado comienza a ser retirado del país, de modo que las autoridades, esta vez encabezadas por el presidente Hipólito Yrigoyen y su ministro de Hacienda Enrique Pérez Colman, resuelven, por decreto del 1° de diciembre de 1929, suspender la convertibilidad.

Desde entonces y hasta el 1° de abril de 1991 la Argentina mantuvo un tipo de cambio inconvertible. Si se suman las experiencias mencionadas, el país vivió veintisiete años de convertibilidad, a los que debe añadirse el período entre abril de 1991 y diciembre de 2000. Treinta y siete años de convertibilidad prueban que este sistema cambiario no resistió los embates de las crisis ni las restricciones externas severas.

En todo caso, debe puntualizarse que sólo en cinco de los años transcurridos entre 1867 y 1929 el país tuvo superávit fiscal, y siempre de muy escasa significación. Ello no fue óbice para que la estabilidad de precios en nuestro país se contara entre las más destacadas del mundo. Cuando los precios aumentaban en el exterior, en la Argentina lo hacían en menor medida, y cuando los precios bajaban, en nuestro país bajaban más. La expansión monetaria originada en el Estado tenía su contrapartida en el aumento de la demanda de dinero que hacía el público porque el país crecía y había confianza en la moneda nacional. Esto demostraría la relatividad de la regla según la cual el equilibrio fiscal es necesario para sostener la convertibilidad; en todo caso, el factor decisivo no es otro que el superávit de las cuentas externas, lo cual sólo pudo lograrse con tipo de cambio real alto. Naturalmente, la combinación de sobrevaluación cambiaria, saldos negativos de la balanza comercial y déficit presupuestario financiado con endeudamiento no asegura otra cosa que el colapso de la convertibilidad, como lo demuestra la experiencia reciente.

Es importante señalar la diferencia sustantiva que aparece cuando se comparan las cuatro experiencias anteriores con la última. En todas aquellas, el denominador común se encuentra, básicamente, en la salida de capitales luego de comenzado el proceso de sobrevaluación cambiaria, en un país de altos niveles de exportación potenciales. Como se ha visto, el proceso de ajuste entonces fue relativamente rápido y el país no dejó de crecer significativamente. Por lo demás, la salida de la convertibilidad en aquellos casos nunca se hizo en el marco de una macrodevaluación. En la experiencia reciente, la dinámica del proceso fue absolutamente distinta. Comenzó por la fijación de un tipo de cambio real bajo, que, si bien fue útil para frenar el proceso hiperinflacionario, produjo un marcado sesgo antiexportador, disimulado en sus comienzos por un escenario mundial de altos precios para nuestra producción exportable y por el hecho de que Brasil también tenía un tipo de cambio sobrevaluado. Transcurrido un tiempo, durante el cual el cuantioso desequilibrio presupuestario fue financiado mediante la colocación de deuda pública, apareció una patología que abrevó en la subestimación de la capacidad de generación de divisas que aseguraran al país las condiciones para pagar los compromisos contraídos. Ello ocurrió en 1998.

La combinación de tipo de cambio bajo, alta tasa de interés, abandono por parte de Brasil del cambio fijo, aumento de impuestos, estructura de precios relativos fuertemente sesgada en favor de los servicios, irresponsable política de gasto público y cierre abrupto de las fuentes de financiamiento externo, llevó rápidamente al descenso de la actividad económica, al aumento del desempleo, la disminución del salario real, el incremento de la pobreza y la exclusión social y la desconfianza de la ciudadanía.

El objetivo inicial de la Convertibilidad, que había sido estabilizar los precios, fue logrado, y también se generó una suerte de euforia por el renacimiento del crédito y el aumento del consumo a partir de la expansión monetaria que se producía por vía del ingreso de capitales con la finalidad antedicha. Pero el país "se enamoró" de este instrumento cambiario e identificó a la Convertibilidad con la política económica. Lo propio ocurrió con los economistas, que subestimaron el auge de las importaciones que facilitaban el desequilibrio comercial, con el argumento de que éste tenía como contrapartida la cuenta Capital. Se trataba de un razonamiento claramente erróneo, dado que tal resultado era consecuencia de la falta de dinamismo de las exportaciones combinado con el auge importador y el seguro de cambio proporcionado por la Convertibilidad. El resultado fue el desmantelamiento de la industria nacional.

Se construyó así el escenario propicio para que se viviera una verdadera "fiesta cambiaria", de la que participó una minoría. Los que la veían desde afuera la financiaban con más impuestos, más esfuerzo, menos salarios, menos educación, menos salud, sacrificio del presente y ausencia de futuro. Quienes no advirtieron los inmensos costos de una estrategia que debió ser revisada dentro de los tres primeros años de su puesta en marcha, creyeron que la Argentina había ingresado en el Primer Mundo. Ellos fueron, a la postre, los responsables del caótico cuadro que se generó tras el abandono de esa estrategia.

La enseñanza que deja esta lamentable experiencia es que la convertibilidad no puede funcionar con el tipo de cambio bajo y la consagración contractual del bimonetarismo. El compromiso de no emisión tiene que ser estricto, sin disfraces de movimientos de capitales. Con crecimiento económico el déficit es permitible, ya que la política monetaria debe compatibilizarse con ambos. Los movimientos de capitales que no tengan como finalidad inversiones de riesgo en los sectores generadores de divisas deben ser controlados por el BCRA.

Lo antedicho demuestra sobradamente que en la Argentina nuestros dirigentes conocen muy poco de las leyes económicas y del papel que le compete al Estado en la regulación del sistema; sólo se manejan con objetivos de cortísimo plazo. La sobrevaluación cambiaria es atractiva, cómoda y da réditos, pero su costo es innegable y siempre estará presente. Esto no significa que el tipo de cambio deba ser "recontraalto", como expresara en su momento Guido Di Tella, entre otras cosas porque es sinónimo de salarios reales bajos. La experiencia al respecto que nos dejó la estrategia seguida por Carlos Pellegrini debería ser mucho más conocida.

En rigor de verdad, con disciplina fiscal la convertibilidad es una regla cambiaria que no se justifica, como lo evidencia la experiencia internacional actual.

Capítulo 7

Bases para la recuperación

El deterioro institucional

Como he expresado en los capítulos anteriores, constituye un grave error considerar que el estado de postración en el que ha caído la Argentina puede ser resuelto a partir de una adecuada solución económica, como se cree a nivel ciudadano. Dado que no participo de este ejercicio de simplificación porque estoy convencido de que se trata de una crisis que no es coyuntural sino sistémica y que se genera dentro de nuestras fronteras, he puntualizado a lo largo de este trabajo que la idea que guía mi exposición es que el diseño y la correcta aplicación de cualquier política sólo son posibles cuando ésta se apoya en mecanismos decisorios eficientes y en instituciones que aseguren la implementación de los instrumentos correspondientes. En síntesis, la crisis es de naturaleza cultural, política e institucional, y tiene como característica sobresaliente el extraordinario nivel de endeudamiento alcanzado por nuestro país.

Respecto de las decisiones públicas, puede afirmarse que su calidad es muy pobre, dado que provienen del trabajo de políticos que, en general, se caracterizan por la ausencia de ideas y por carecer de la dosis necesaria de profesionalidad y vocación que les permita formular políticas de Estado de contenido nacional. En los poderes Ejecutivo, Legislativo y Judicial la improvisación es la norma, cualquiera sea el gobierno que se analice.

Las elecciones, no siempre bien conducidas, están guiadas por los intereses de la partidocracia y en ellas predomina la difusión de ideas demagógicas —no siempre viables en la práctica— que no contemplan el interés general y sólo sirven para cosechar votos. De esta manera, la representatividad política establecida en la Constitución Nacional termina siendo una frase hueca.

Por lo expresado, las leyes, los decretos y las resoluciones difícilmente se ajustan a las necesidades de la ciudadanía, y su implementación es deficiente, debido al deterioro que se observa en las instituciones que integran el Estado. Este deterioro se produce porque carecen de gerenciamiento, debido a que están encabezadas por funcionarios improvisados, nombrados mediante prácticas propias del amiguismo y el clientelismo político.

Afirmo que la Argentina actualmente se encuentra en pleno proceso de deterioro institucional, a punto tal que puede considerarse que, en rigor de verdad, los argentinos carecemos de Estado.[1] Esto puede imputarse de modo directo a los políticos, que no han sido capaces de crear un sistema operativo eficiente (en el marco de una crisis sistémica, a la hora de adjudicar responsabilidades hay que hacerlo de manera abarcativa, para no quedar sólo en un análisis de personajes y circunstancias).

Todo lo expresado en cuanto a la falta de calidad de quienes ejercen el gobierno y el manejo del Estado a nivel nacional puede aplicarse a las provincias, a la Ciudad de Buenos Aires y a los municipios. No podría ser de otra manera, porque a lo largo y a lo ancho del país las prácticas políticas son las mismas, debido a los pactos y componendas que tienen lugar en los partidos políticos. Entre ellas, tal vez las más destacadas son aquellas que permiten la perpetuación en el poder de quienes se autodenominan depositarios naturales de la representación popular, pero en la práctica anteponen objetivos personales a los de la sociedad a la que deben servir.

La corrupción que nuestro sistema político posibilita se extiende sobre toda la sociedad y da lugar a cambios profundos en nuestras pautas culturales. Mientras estas nuevas pautas culturales persistan, la Argentina no tendrá posibilidad alguna de acceder al desarrollo económico y social al que legítimamente puede aspirar. La preeminencia de la especulación financiera, la evasión impositiva, el dispendio del gasto público, la fuga de capitales, la verdadera invasión de mano de obra marginal de los países limítrofes, el deterioro del medio ambiente, el auge de la pobreza y la exclusión, el escenario de inseguridad creado por los delitos contra las personas y la propiedad, la prostitución, la drogadicción, la pérdida de respeto por las jerarquías —que comienza por las familiares—, la desprotección en todos los órdenes, la degradación de la niñez y la vejez, la sustitución de los mecanismos legales por la actuación de grupos que ejercen presión intimidatoria —muchas veces delictuosa— y alteran el orden mediante la ocupación de bienes públicos y privados, son manifestaciones de esas pautas culturales que han alcanzado un grado intolerable entre nosotros.

Todo esto puede considerarse producto del abandono, desde 1930, de normas propias de una democracia que sólo conserva sus aspectos formales. Estas manifestaciones se han acelerado notablemente desde marzo de 1976, con el advenimiento de un proyecto político y económico que ha conducido a un cuadro patológico en el cual el triunfo es de los que tienen más y no de los que son más.

No puede alegarse que este cuadro es la consecuencia del predominio de la ciudad de Buenos Aires sobre el resto del territorio, porque, de los cuarenta y ocho presidentes que contabilizamos en nuestra vida institucional, sólo diez fueron porteños. Sin embargo, es cierto que no pocos de los provincianos que controlaron el Estado fueron influenciados por la proximidad del poder económico, frente al cual carecieron de las aptitudes y actitudes necesarias para asegurar la corrección de sus decisiones. Si no hubiera sido así, nunca habríamos abandonado el sendero que en algún momento nos destacó internacionalmente en los planos cultural, social y económico.

Este capítulo pretende establecer las bases para la recuperación de nuestra República. Pero antes de abordar el punto, debo advertir al lector que no hallará aquí ninguna referencia a la política económica ni a tipo alguno de política, por más trascendente que sea. A lo largo de este libro he enfatizado repetidamente mi convicción acerca de que el proceso de decadencia que nos caracteriza es de carácter cultural, político e institucional y que las políticas eficientes son consecuencia de una infraestructura que posibilite su diseño e implementación.

Basta un ejemplo para demostrarlo. Al finalizar el año 2001 predominaba la convicción de que nuestra moneda estaba sobrevaluada. Era evidente que un dólar debía equivaler a 1,40 peso. En mayo de 2003 se discutía si la paridad debía fijarse en 3 pesos o en 2,80, y lo que agrava este cuadro es que, seguramente, en algún momento del futuro mediato estaremos discutiendo alrededor de otros valores. ¿A qué se debe esto? A la poca consistencia que tiene la política económica, porque los criterios oficiales cambian con demasiada frecuencia. Discutimos y discutiremos simples instrumentos económicos, en lugar de establecer cuáles son las bases de la crisis. Aunque acudamos a los mejores economistas del mundo, ninguno encontrará el camino que nos saque de la postración, porque el problema no está en la pericia del cirujano sino en el quirófano donde debe operar, es decir, en la infraestructura.

Aclarados estos aspectos, corresponde ir al fondo de la cuestión, comenzando por destacar cuál es el espacio político en el que actúan los gobiernos y el Estado.

Federalismo y unitarismo

Pese a que han transcurrido casi doscientos años desde nuestra emancipación, los argentinos todavía carecemos de una percepción común acerca de nuestras bases fundacionales. Por lo tanto, éste debe ser el punto de partida para establecer los verdaderos cimientos de nuestra recuperación.

El sistema político, el gobierno y el Estado operan sobre un territorio que recibe el nombre de Nación Argentina o República Argentina. La posesión de un territorio, un pensamiento ideológico, un idioma y una cultura comunes, la pertenencia a una misma tradición histórica, constituyen los caracteres fundamentales de una nación. Pero no todos estos atributos son del mismo orden, ni tampoco es necesario que coexistan. De todos, uno de ellos es el fundamental para caracterizar a una nación: la posesión de un territorio.

El territorio, en términos políticos, pertenece a los argentinos, que son sus dueños naturales, indiscutibles y permanentes. El derecho a su propiedad corresponde a la sociedad como un todo —compuesta por sus ciudadanos, que son la mayoría de sus habitantes— y se refleja en el dominio eminente del Estado como su titular.

La definición anterior se aplica a la división política del territorio argentino, respecto del cual la Constitución Nacional reformada en 1994 ha incorporado la división regional (artículo 124), que puede ser implementada si existe la voluntad política de hacerlo. Esta modificación tiene fundamento en las supuestas economías de escala que se crearían al agrupar varias provincias bajo una sola administración, pero no se ha considerado adecuadamente que cada provincia argentina es la resultante de los mismos elementos que caracterizan a la nación y que, por lo tanto, deben ser respetados porque constituyen derechos inalienables de sus habitantes; hacen a nuestra cultura, a nuestra historia y a nuestras tradiciones.

Así como la nación no podría soportar el agravio de ser considerada "inviable" por parte de la comunidad internacional, lo mismo cabe a todas y cada una de las provincias que la integran. Aquel modo de considerar el territorio nacional es producto de un prejuicio propio del cosmopolitismo, de la globalización y de un inaceptable enfoque economicista. Pregúntesele a los riojanos, a los catamarqueños o a los santiagueños si consideran que sus provincias son antieconómicas y, por lo tanto, inviables. El agravio a su orgullo sería de tal magnitud que la respuesta no podría ser otra que un ¡No! rotundo.

Si tuviéramos una concepción auténticamente nacionalista, deberíamos reforzar el orgullo de pertenecer a nuestra tierra; primero, a la República Argentina, y después a aquella que nos vio nacer. Como escribiera Carlos Guido y Spano en su poema "Trova", cada uno debe exclamar: "Tierra no hay como la mía; / ¡ni Dios otra inventaría / que más bella y noble fuera! / ¡Viva el sol de mi bandera!".

Tal muestra de verdadero orgullo no se aprende, se integra en la cultura de cada uno porque se mama desde la cuna. Con ese espíritu se debe gobernar; con verdadero amor a nuestra tierra. La patria es mucho más que un espacio geográfico, es —debería ser— el único y verdadero sentimiento que nos une. Nadie en ella puede ser más y tampoco menos, porque todos somos iguales, más allá de nuestra raza, nuestra religión o nuestra fortuna.

No existe entre los argentinos suficiente claridad conceptual acerca de la esencia del federalismo. Los derechos no delegados, cuyos titulares son las provincias y la Ciudad de Buenos Aires, no son atribuibles a la nación. Cada provincia debería aplicar las políticas que le parezcan más adecuadas a sus respectivos gobiernos, y esto es así a punto tal que, en todo aquello que no haya sido delegado a la nación (relaciones exteriores, defensa, etcétera), las decisiones provinciales deben prevalecer sobre las nacionales.

La evidencia histórica demuestra que no hemos sabido convivir en un régimen federal. Durante la hegemonía de Juan Manuel de Rosas, y aun antes, no existió una federación sino una confederación de lazos muy débiles, fundada en la pretensión de cada gobernador de manejar su territorio de un modo absolutista y sin integración verdadera con el resto. Después de la batalla de Caseros, y pese al carácter federal de la Constitución que se redactó entonces, gobernó el unitarismo. Las bases federales de la Constitución sirvieron, en rigor de verdad, para que los caudillos del interior mantuvieran sus privilegios, de modo que tampoco entonces se plasmó una verdadera federación. Por otra parte, las bases filosóficas de los unitarios eran las mismas del liberalismo europeo, que había construido sus Estados conforme un modelo estrictamente unitario. ¿Por qué pensar entonces que en la Argentina sus gobernantes harían algo distinto?

La confusión entre los conceptos de federalismo y unitarismo ha resultado una mezcla que llega hasta nuestros días y que nos ha impedido conformar una República Federal. Mientras no nos pongamos de acuerdo sobre este aspecto no podremos construir la unidad nacional. En este orden de ideas, resulta evidente que los marcos de referencia que nos identifican no son comunes; prueba de esto son antagonismos que nos separan, sobre todo el que nos divide entre porteños y provincianos.

Nuestra historia demuestra que aun aquellos presidentes que asumieron con una pátina de federalismo y caudillismo provincial ejercieron el poder en forma autoritaria y centralista, típicamente unitaria. Al respecto, los casos de Juan D. Perón y Carlos S. Menem son ilustrativos.

La tendencia al unitarismo está reforzada por la Ley de Coparticipación Federal vigente, porque a partir de ella se entrelazan las rentas nacionales y las provinciales, con claro predominio de las primeras. De allí que seamos federalistas en la forma y unitarios en la esencia, porque el que controla las rentas dispone de mayor poder político, y quien las controla es el gobierno central.

Si queremos que la Argentina sea un país auténticamente federal, donde las decisiones políticas fundamentales sean tomadas por las provincias, éstas deberían ser elevadas a la condición de verdaderos Estados integrantes de una Federación, como han hecho México, los Estados Unidos y Brasil. Es evidente que esta percepción se opone a la corriente globalizadora, pero para que pueda proyectarse con fuerza hacia el futuro, el país debe estar organizado políticamente y funcionando con equilibrio. En todo caso, debemos optar por ser unitarios o federales y abandonar el régimen anodino y paralizante que hoy rige. Mi preferencia, claro está, es el federalismo, y no tengo duda de que ella es compartida por la mayoría de los argentinos.

De lo expuesto surgen, como necesidades imperiosas, las siguientes medidas:

- Ratificar la autonomía política de cada provincia y de la Ciudad Autónoma de Buenos Aires, cerrando definitivamente la posibilidad de agruparlas en regiones.

194 | RAÚL CUELLO

- Federalizar el sistema rentístico nacional por medio de una profunda reforma de la Ley de Coparticipación Federal, que haga operativo el sistema de responsabilidad fiscal, cediendo a cada provincia la facultad de diseñar no sólo su esquema de gastos sino también las fuentes para su financiamiento. La verdadera coparticipación debe fluir desde los municipios a las provincias y de éstas a la nación y no en sentido inverso, como se hace en la actualidad, siguiendo una pauta claramente unitaria.

- Considerar los municipios como verdaderas células de la democracia, para que su situación frente a cada provincia sea la misma que ésta goce respecto de la nación, de modo que los vecinos tengan participación activa en las decisiones que los afectan. La oferta de educación, salud, seguridad y justicia debe reposar primariamente en cada municipio y subsidiariamente en las provincias y en la nación.[2]

Democratizar la política

La Constitución Nacional en su artículo 38 establece: "Los partidos políticos son instituciones fundamentales del sistema democrático. Su creación y el ejercicio de sus actividades son libres dentro del respeto a esta Constitución, la que garantiza su organización y funcionamiento democráticos, la representación de las minorías, la competencia para la postulación de candidatos a cargos públicos electivos, el acceso a la información pública y la difusión de sus ideas. El Estado contribuye al sostenimiento económico de sus actividades y de la capacitación de sus dirigentes. Los partidos políticos deberán dar publicidad del origen y destino de sus fondos y patrimonios".

No son muchas las Constituciones que institucionalizan a los partidos políticos de una manera tan ejemplar como la nuestra. Se consagra así la convicción que los argentinos evidenciamos acerca de que sin partidos políticos no puede existir la democracia. Es un valor definitivamente incorporado a nuestra sociedad, y su inobservancia en el pasado —debido a los golpes militares— es una de las causas de nuestro atraso y de nuestra frustración.

Aunque la Constitución norma el funcionamiento de estas instituciones, en la práctica son múltiples los vicios que evidencia nuestra partidocracia, fruto de la poca responsabilidad que los políticos han demostrado a la hora de cumplir acabadamente con nuestra Carta Magna. El artículo 38 convoca al ejercicio pleno de las obligaciones partidarias y establece el modo como éstas deben ser observadas.

Actualmente, la esencia de los partidos políticos radica en la búsqueda de votos en las elecciones para ocupar cargos políticos en el gobierno. Tal objetivo es perseguido por medio de un miembro prominente, o un grupo reducido de ellos, que, actuando sobre una burocracia desarrollada por jurisdicciones, administra el financiamiento que proviene de patrocinadores —no siempre desinteresados—, de aquellos que participan de las bases ideológicas y de las cuotas de los adherentes.

El núcleo directivo elabora la plataforma partidaria y

los procedimientos internos para la selección de candidatos. En este orden de cosas, los adherentes y simpatizantes resultan ser simples espectadores de las decisiones tomadas por la cúpula partidaria. Pese a que se asegura un funcionamiento democrático, las decisiones fundamentales son tomadas por una minoría. La Ley de los Partidos Políticos puede reglamentar la forma de constitución de tal minoría, pero no puede evitar su existencia.

Sólo es necesario asegurar, mediante la presencia de veedores oficiales, la limpieza de procederes en las elecciones internas, para evitar las designaciones "a dedo" a las que estamos acostumbrados. El bien a tutelar debe ser la representación popular activa. En consecuencia, los partidos políticos deben ser abiertos, transparentes y en ellos se debe ejercer la democracia interna, para que todos aquellos que tienen vocación ciudadana puedan expresarse orgánicamente por su intermedio. El respeto por las minorías y la sana competencia entre aptitudes personales deben enmarcar un escenario que estimule el ingreso de la juventud, que constituirá la dirigencia futura. Las ideas deben ser difundidas y la capacitación de los dirigentes, garantizada, ya que la Constitución afirma que ésta es asegurada por el Estado.

Nada de esto existe hoy. Los partidos están "momificados" debido a la perpetuación en el poder del núcleo directivo, sin que se debatan las cuestiones esenciales que se deben resolver y menos aún el proyecto nacional que cada uno ofrezca como mejor alternativa. Existen incluso algunos partidos que, como el Justicialista, hasta carecen de doctrina, a punto tal que en la elección de abril de 2003 tres fracciones de ese partido se postularon con plataformas ideológicas tan distintas que costaba encontrar en ellas algún denominador común. Del partido, sólo tenían en común el sello y la sede, a la que no todos concurrían. De una manera anómala, permitida por la justicia, la elección se convirtió en una verdadera "interna", frente a la cual los electores no eligieron sino que optaron, y alcanzó la presidencia de la República un candidato que sólo obtuvo en la primera y única vuelta el 22 por ciento de los votos totales.

Esto es consecuencia del caudillismo vigente en cada partido, donde impera la impronta de sus cabecillas, que se perpetúan en el poder partidario como si fueran sus verdaderos dueños y gozan de facultades para manejar discrecionalmente el "aparato partidario". Tales dirigentes, en su mayoría poco capaces intelectualmente, sólo procuran el acceso a las fuentes del poder, se comportan como verdaderos señores feudales y digitan a cada uno de los representantes de manera autoritaria. Entre los candidatos que eligen figuran parientes, amigos y amanuenses, que alcanzan a ocupar puestos de poder por medio de las listas sábana, verdadera vergüenza nacional.

La simbiosis que se produce entre el caudillo y el partido es tal que el ciudadano termina votando por nombres y no por ideas. La falta de renovación de los elencos directivos es notable y revela que, a través del tiempo, siempre "se hará lo que diga 'el Dotor'". Hay dirigentes políticos que viven del Estado durante décadas y endosan este privilegio a sus familiares, sin que nadie advierta su presencia y aunque no justifiquen el costo que financia la ciudadanía. Se trata de verdaderos vividores de la política.

Son los acuerdos entre las cúpulas partidarias los que

deciden las bases políticas de cada gobierno, con lo cual se legisla mediante contubernios. Fue este modo de comportamiento lo que motorizó la reforma constitucional de 1994, que finalmente posibilitó la reelección presidencial y el aumento de un senador por provincia. Estas medidas centrales fueron resueltas a través de una negociación hecha a espaldas del pueblo, para beneficio exclusivo de la dirigencia partidaria, que se valió de la Constitución Nacional como si se hubiera tratado de un coto de caza privado.

Incompetencia, soberbia, apetito de poder, intereses personales, cargos a perpetuidad son las características salientes de una clase dirigente que ha llevado a la República a la situación actual por medio del manejo de los partidos políticos. Ninguno da un paso al costado porque todos se consideran imprescindibles, como si fueran el *non plus ultra* de la política.

Los partidos políticos no rinden cuenta de sus fuentes de financiamiento, que incluyen partidas presupuestarias disfrazadas —cuando el gobierno les pertenece—, y generosos aportes empresarios a cuenta de futuros favores. Salvo contadísimas excepciones, tampoco se sienten obligados a dar razón del destino de esos fondos. Sus dirigentes son los verdaderos privilegiados del sistema, disponen arbitrariamente del poder y lo ejercen de la misma manera.

Por lo dicho, la reforma de los partidos políticos es una necesidad vital para la sociedad, si es que queremos un país montado sobre bases distintas. La democracia interna de los partidos debe funcionar adecuadamente. Se debe limitar la vigencia de los períodos de mandato de quienes los encabezan para evitar la existencia de dirigentes vitalicios. Se deben establecer elecciones internas transparentes con representación de las minorías. La presentación de listas a los comicios electorales debe asegurar la presencia de los mejores afiliados en cuanto a su formación, en reemplazo de los amigos del caudillo.

Los ciudadanos debemos estar familiarizados con las bases ideológicas de cada partido, las cuales tienen que ser puestas a consideración de todos los interesados en la suerte de nuestra República. También debemos conocer el movimiento de los fondos y su uso, para estar en condiciones de evaluar los comportamientos éticos.

Como punto de partida, será necesario que todos los partidos políticos sean puestos en estado de asamblea para producir la renovación de los cargos actualmente ocupados. Una depuración en esas organizaciones —y también en los sindicatos— es una necesidad vital para la República, porque el punto de partida para convocar a la ciudadanía a la empresa suprema de reconstituirla es que la dirigencia se renueve en todos esos estamentos. En la Argentina que debe ser no puede haber lugar para parásitos profesionales que vivan del esfuerzo de los demás. Como en toda familia bien constituida, el ejemplo debe fluir "desde arriba". Éste y no otro es el primer paso del largo camino que forzosamente debemos transitar.

Todos los esfuerzos necesarios para enriquecer y actualizar los partidos políticos deben ser efectuados, porque no puede existir democracia madura y consolidada si la célula del sistema no es democrática y está viciada por prácticas espurias, como ocurre en la Argentina. No puede haber buenos políticos en instituciones donde tiene lugar un proceso de selección al revés, en el que los peores encuentran un modo de vida cómoda para siempre y los mejores se ven forzados a observar, con resignación, cómo la mediocridad se abroga derechos de representación que no tiene.

Como apoyo de lo expresado, una encuesta realizada por la empresa Gallup en julio de 2002 reveló que el 54 por ciento de los argentinos dio más importancia a una buena democracia frente a un 38 por ciento que se inclinó por una economía sólida.[3] Los que se pronunciaron en favor del punto de vista económico pasaron por alto que no puede haber economía sólida si la democracia es de calidad inferior.

Por lo dicho, sería conveniente considerar que el objetivo básico de la Ley de los Partidos Políticos debería ser el de "democratizar la democracia", y como base de discusión sugiero las siguientes medidas:

- Transparentar la elección de las autoridades internas y de los candidatos a cargos electivos por medio del voto directo con internas abiertas.
- Limitar la duración de los mandatos con cláusulas que impidan las reelecciones y las postulaciones de quienes posean antecedentes penales o no tengan regularizada su situación fiscal.
- Los sistemas de proporcionalidad y de circunscripciones unipersonales deben ser estudiados de modo que el votante sepa a quién elige. Las listas sábana deben ser erradicadas.
- Implantar la obligación de publicar las bases doctrinarias y plataformas electorales con antelación suficiente a los comicios.

- Establecer la presentación de una sola lista de candidatos por cada partido, prohibiendo la utilización de "lemas".
- Reducir la duración de las campañas políticas.
- Impedir la realización y publicación de encuestas dentro de un plazo prudencial a la realización de los comicios.
- Limitar la publicidad y penalizar las campañas que agravien a otros contendientes.
- Transparentar el financiamiento y limitar los aportes, dando a conocer el origen y el uso de los fondos antes de cada elección.
- Dar a publicidad los *curriculum vitae* de cada candidato, su situación patrimonial y el estado de sus obligaciones tributarias, debiendo presentar la declaración del Registro Nacional de Reincidencia.

El gobierno

Debe entenderse por gobierno al conjunto de los poderes de la democracia establecidos en la Constitución Nacional; por lo tanto, las consideraciones que siguen se aplican también a las provincias.

La democracia supone la división de poderes especificados, lo cual significa que los poderes de mando están repartidos constitucionalmente según su carácter objetivo entre distintos titulares. De tal suerte, disposiciones de distinta índole sólo pueden ser producidas legítimamente por distintos titulares de poder de mando, mientras que las de una misma índole deben establecerse mediante colaboración mutua. No se dividen las "competencias" sino los "derechos de mando", los poderes. Históricamente, esta situación es un desarrollo de la división "estamental" de poderes, fundamentada teóricamente por John Locke, Montesquieu y Edmund Burke.[4]

La Constitución Argentina, en el capítulo dedicado a la Organización de la República, se refiere a la división de poderes. El Poder Legislativo, el Poder Ejecutivo y el Poder Judicial, en sus respectivas áreas de competencia, tienen el derecho de mando que se especifica en cada caso. Los tres poderes ejercen el gobierno de la nación.

El Poder Legislativo

El sistema parlamentario de la nación es bicameral, integrado por una Cámara de Diputados, que invisten la representación del pueblo de la República, y por una Cámara de Senadores, que representan a las provincias.

En el ámbito provincial la Constitución Nacional expresa en su artículo 5 que "cada provincia dictará para sí una Constitución bajo el sistema representativo republicano, de acuerdo con los principios, declaraciones y garantías de la Constitución Nacional y que asegure la administración de justicia, su régimen municipal y la educación primaria. Bajo estas condiciones, el Gobierno Federal garante a cada provincia el goce y ejercicio de sus instituciones". Sobre la base de esta disposición, las provincias cuentan con un Poder Legislativo, que en algunas es bicameral y en otras, unicameral.

Ya se ha dicho que en el Congreso Nacional hay 257 diputados y 72 senadores, y que en el conjunto de las provincias hay 246 senadores y 939 diputados. Por añadidura, las municipalidades suman 6455 concejales.[5] A esto debe añadirse que cada uno de los representantes va acompañado de una dotación numerosa de secretarias, asesores y auxiliares. Se trata de una pesada estructura, que no está en línea con las necesidades ni con las posibilidades de la República. Es necesario limitar este costo de funcionamiento, no sólo por razones presupuestarias sino también de asignación eficiente de los recursos humanos. Dicho de una manera sintética, la limitación se impone por la baja productividad social de las legislaturas argentinas.

Para algunos, el acceso al Parlamento constituye la estación de llegada de una carrera política que se inició en el partido, en la dirigencia sindical o, simplemente, en lazos familiares o lealtades hacia los caudillos. En otros casos, la banca parlamentaria es una simple etapa en el camino hacia posiciones superiores. Son habituales los pedidos de licencia que hacen los legisladores para postularse a otros cargos electivos. Si tienen éxito, pasan de la diputación a la senaduría o a la gobernación; si fracasan en el intento, vuelven a ocupar la banca. Durante ese recorrido, que es financiado por el contribuyente, el legislador no cumple con sus obligaciones de representante de la ciudadanía y el Parlamento no cumple con su función específica, ya que actúa como una corporación que tolera esas deformaciones institucionales.

Al resultar electo, todo legislador debería renunciar a cualquier pretensión "arribista" y postergar sus legítimas ambiciones, para recuperarlas una vez concluido el período para el que fue elegido. Deberá entonces realizar su campaña a su costo o al del partido al cual pertenece.

En la mayoría de los casos, la calidad profesional y técnica de quienes integran el Poder Legislativo dista de ser la que corresponde al ejercicio de tan altas funciones. En rigor de verdad, se trata, mayormente, de improvisados que a veces ni siquiera han completado el ciclo secundario y no están en capacidad de legislar; su único mérito es servir a la práctica del clientelismo político. La idoneidad brilla por su ausencia, y debería ser un requisito que la Constitución Nacional exigiera de manera concreta. A poco de considerar las exigencias que deben llenar quienes aspiran a la docencia universitaria, o aun a cargos de niveles medios en empresas privadas, resulta incomprensible que los legisladores no estén obligados a presentar algún antecedente que los capacite para las funciones que van a desarrollar. Basta observar las iniciativas que algunos presentan para preguntarse por qué continúan en sus bancas.

La experiencia local indica que en el Parlamento argentino importa más el número que la calidad. Esto es así por la integración que existe entre los poderes Legislativo y Ejecutivo, que permite que las iniciativas presidenciales se voten prácticamente a libro cerrado cuando se registra el quórum necesario. Ejemplos recientes de esta práctica son la irresponsable aprobación por aclamación de la declaración de *default* de nuestra deuda externa, o el rechazo de causales de juicio político a miembros de la Suprema Corte de Justicia, las mismas causales que un año después invocan los mismos legisladores para promover el mismo juicio político.

Naturalmente, existen honrosas excepciones, constitui-
das por verdaderos legisladores que se destacan por sus hábitos y costumbres austeras. Son los que no aprovechan la
banca para sacar beneficios personales, los que viven para
la política y no se sirven de ella.

Todo lo dicho explica el énfasis puesto en la democratización de los partidos políticos, dado que de su seno deben surgir los ciudadanos más capaces para legislar en la
República. Si en realidad se quiere enriquecer el Parlamento, es necesario efectuar modificaciones de fondo que deberían incluir una reforma constitucional. Correspondería
considerar:

- Llevar el número de senadores y diputados, como
  mínimo, a la mitad de los que hoy existen.
- Exigir un mínimo de idoneidad.
- Eliminar la reelección.
- Completar el mandato sin posibilidad de presentar-
  se a elecciones en el ínterin para otros cargos electivos.
- Al acceder a la Cámara, cada miembro debe publi-
  citar el estado de su patrimonio, sus fuentes de rentas y el cumplimiento de sus obligaciones tributarias. Esta información deberá actualizarse cada año.
- El período de sesiones debe extenderse a todo el
  año, de modo que el régimen de trabajo de los legisladores sea el mismo que el de los trabajadores de la
  actividad privada.
- Revisar las disposiciones constitucionales referidas a
  los fueros parlamentarios, de manera que los repre-

sentantes no tengan privilegios diferentes de los que disfrutan los ciudadanos comunes, excepto las garantías fundadas exclusivamente en el desempeño de sus funciones (artículos 68 y 69 de la Constitución Nacional). No debe haber motivos para pensar que la Legislatura funciona como una corporación para la defensa de sus miembros.

- Eliminar la facultad para la concesión de pensiones, sean éstas del tipo que fueren (artículo 75, inciso 20 de la Constitución Nacional).

El régimen interno de cada Cámara se debería modificar para incluir los siguientes aspectos:

- Exigir asistencia a las sesiones plenarias y a las de comisiones de trabajo, con pérdida de dieta proporcional a las ausencias. El legislador que tenga un 25 por ciento de inasistencias en el año deberá ser separado de su cargo y no podrá volver a ser candidato para ningún cargo electivo.
- Reducción drástica del personal de secretaría y asesores, con prohibición expresa de que al caducar el mandato del representante éstos se incorporen a la planta permanente.
- Eliminación del uso de autos oficiales para actividades privadas.
- Reducción del presupuesto legislativo en no menos de un 50 por ciento.

El Poder Ejecutivo

Según el artículo 87 de la Constitución Nacional, el Poder Ejecutivo de la Nación será desempeñado por un ciudadano con el título de "Presidente de la Nación Argentina". El artículo 99, que se refiere a sus atribuciones, establece en el inciso 1º: "Es el jefe supremo de la nación, jefe del gobierno y responsable político de la administración general del país", y el inciso 7º dispone: "Nombra y remueve a los embajadores, ministros plenipotenciarios y encargados de negocios con acuerdo del Senado; por sí solo nombra y remueve al jefe de gabinete de ministros y a los demás ministros del despacho, los oficiales de su secretaría, los agentes consulares *y los empleados cuyo nombramiento no está reglado de otra forma por esta Constitución*". Esta cláusula debe tener en cuenta lo dispuesto por el artículo 16, que dice: "La Nación Argentina no admite prerrogativas de sangre, ni de nacimiento, no hay en ella fueros personales ni títulos de nobleza. Todos sus habitantes son iguales ante la ley, *y admisibles en los empleos públicos sin otra condición que la idoneidad*. La igualdad es la base del impuesto y de las cargas públicas". (Los destacados son propios.)

Así, el poder del presidente y de sus ministros está limitado en la materia, y la inobservancia de la condición de idoneidad provoca que el artículo 99 posibilite el ejercicio de la discrecionalidad partidocrática. Se debería asegurar el funcionamiento de un orden burocrático que no dé lugar a la subordinación política originada en los nombramientos, aunque sea el presidente quien los disponga.

Cuando el cuerpo de agentes sea meritocrático tendremos asegurados la capacidad, la lealtad y el patriotismo en la función pública, en el contexto de una visión de largo plazo que se proyecta más allá del tiempo limitado que tienen los políticos elegidos para gobernar el país.

El artículo 36 de nuestra Constitución Nacional establece en su último párrafo que "el Congreso dictará una ley sobre ética pública para el ejercicio de la función". Dos importantes tratadistas puntualizaron los aspectos que debería cubrir esta norma.[6] Respecto de las designaciones del personal de la administración pública, afirman que éstas deberán ser efectuadas mediante selección por concurso público sobre la base de la capacidad, idoneidad, profesionalismo, eficiencia y honestidad del funcionario o empleado (artículo 99, inciso 19 de la Constitución Nacional). Para los autores, las contrataciones que realice el Estado se deberán ajustar a los principios de publicidad, igualdad, concurrencia y razonabilidad para cumplir con el interés comprometido y asegurar la responsabilidad de los agentes y funcionarios que autoricen, dirijan, ejecuten o controlen las contrataciones. Luego de referirse a la financiación de los partidos políticos, los sindicatos y otras organizaciones públicas como las fundaciones, consorcios públicos y cuerpos intermedios, aluden a la actuación de la administración, que debe ser cristalina, a través del derecho a la información, participación y control por parte de los administrados (artículos 39, 40, 42 —tercer párrafo— y 43 —segundo y tercer párrafos—). También se refieren a la elaboración de un inventario general de bienes y derechos del Estado, con determinación puntual de su situación jurídica. No podría elaborarse una guía mejor para aumentar sustantivamente la calidad de la producción estatal, porque conjugan el último párrafo del artículo 36 con el requisito de la idoneidad que surge del artículo 16.

Sin embargo, y pese a que uno de sus autores es miembro destacado del Senado de la Nación, la ley 21.588, de Ética de la Función Pública, dictada el 29 de septiembre de 1999, en modo alguno puede considerarse idónea a los fines que se desprenden de su denominación. En el primer artículo se refiere a deberes, prohibiciones e incompatibilidades de quienes aspiran a cubrir la función pública, aspectos todos necesarios, pero insuficientes en la medida en que la norma omite el primer requisito a cumplimentar: la idoneidad. Los legisladores no aprovecharon la oportunidad para seguir los cursos de acción que propusieron Eduardo Menem y Roberto Dromi, y por lo tanto ha quedado un vacío que debe cubrirse.

El 29 de marzo de 2001 se dictó la ley 25.414 de Emergencia Económica, cuyos alcances están acotados por el texto expreso del artículo 76 de la Constitución Nacional, que claramente no incluye la facultad de revertir la prelación de las normas legales al admitir, por ejemplo, la modificación de una ley, como la de Ministerios por parte del Poder Ejecutivo, que sólo está facultado para dictar decretos, con sujeción a la ley existente. La ley 25.414 supone en este caso una delegación de poderes del Legislativo al Ejecutivo. Se trata, en consecuencia, de una muestra acabada del ejercicio "de facto" de la suma del poder público, que empalidece los antecedentes propios de la época del brigadier general Juan Manuel de Rosas.

Vale la pena señalar que el presidente era entonces Fernando de la Rúa, hombre claramente incapaz de ejercer tales responsabilidades, como quedó demostrado con su renuncia anticipada, y que los presidentes de las cámaras de Diputados y Senadores eran, respectivamente, Rafael Pascual y Mario A. Losada, lo cual demuestra el manejo partidocrático y amiguista de las instituciones de la República.

La forma de designación del personal en la administración pública demuestra que el objetivo es asegurar el funcionamiento del Estado para que éste se convierta en un instrumento de los grupos políticos que asumen el poder. Esta práctica y la de producir modificaciones constitucionales para asegurar reelecciones, que en algunos casos son sin término, desvirtúan la esencia de la democracia, ya que se legisla y se gobierna al servicio de intereses sectoriales.

En consecuencia, es necesario que se comprenda que las bases para la recuperación de la República deben incluir, en lo que respecta al Poder Ejecutivo, las siguientes propuestas:

- Reforma de la Constitución para impedir el ejercicio de mandatos que superen un período de gobierno y la eventual reelección por otro igual. Un nuevo mandato sólo debería admitirse en el caso de que hubiera mediado un período intermedio.
- Que en su condición de jefe de la administración pública, el presidente de la nación instrumente los requisitos referidos a las condiciones de idoneidad requeridas para que el Estado se profesionalice, con el fin de recuperar su prestigio y el de quienes lo inte-

gran, para lo cual es necesario establecer un régimen meritocrático.

- Mientras se encuentre en ejercicio del Poder Ejecutivo, el presidente no podrá ejercer ningún cargo partidario ni tener injerencia como afiliado en las decisiones del partido del que forme parte.

El Poder Judicial

La Constitución fundacional asigna al Poder Judicial la calidad de poder estatal independiente, con una organización especializada y competencia exclusiva y excluyente para la defensa de la Constitución. Es la Suprema Corte de Justicia, como cabeza de ese poder, la que tiene a su cargo la guarda y custodia de la Constitución, porque en ella se consagran los derechos y se establecen las garantías ciudadanas.[7]

La designación de los miembros del alto tribunal, según la Constitución, estará a cargo del Presidente de la Nación, quien deberá contar con el acuerdo de los dos tercios de los miembros presentes del Senado y en sesión pública convocada a tal efecto. En principio, esto aseguraría la transparencia en las designaciones, pero sólo en principio, porque en la medida en que el Senado responda al Poder Ejecutivo, la disciplina partidaria sólo asegurará que lleguen a tan altas funciones personas que no reúnan las cualidades necesarias para desempeñarse como jueces supremos de la nación. Además, los pactos y componendas con la oposición convierten la designación de los jueces en un ejercicio de to-

ma y daca de naturaleza política, con lo cual la administración de justicia imparcial queda herida *ab initio*.

No ha habido gobierno que no aspirara a contar con
una mayoría automática dentro de la Suprema Corte que le
permitiera comportarse arbitrariamente en cuanto a las decisiones a tomar. La presidencia de Carlos S. Menem constituye el ejemplo consumado de tal situación. En su transcurso, el alto tribunal se constituyó con algunos juristas de
antecedentes ignotos en el campo del derecho y cuyo único
mérito radicó en la amistad que los unía con quien los de-
signaba.

La última muestra de amiguismo y lealtad en la designación de un juez de la Suprema Corte la produjo Eduardo
Duhalde durante su gestión presidencial, al proponer y lograr, en tiempo récord, la designación del que era hasta entonces presidente del Senado de la Nación, quien, como
prueba de la poca seriedad con la que se manejan las instituciones, presidió la sesión senatorial de la que surgió su designación. Además, y como muestra de las pautas de comportamiento del tribunal supremo y de la forma en que sus
miembros están integrados en la sociedad, los jueces resol-
vieron mediante una acordada eximirse del pago del impuesto a las ganancias, adjudicándose un privilegio que la
Constitución a la que juraron respetar de ninguna manera
convalida.

Un país que pretende recuperarse de los bajos niveles
que ha alcanzado no podrá hacerlo si uno de sus pilares, la
Justicia, es tan endeble. Por lo tanto, se debe redefinir la estructura judicial, comenzando por su cabeza. Para ello será
necesario:

- Disponer que los jueces deben observar estrictamente los textos constitucionales, eliminando todos los privilegios que se hayan adjudicado.
- Prescribir que los jueces, basados en sus experiencias, propongan a los otros poderes de la nación las modificaciones a introducir en la legislación y en los procedimientos, con la finalidad de cerrar la brecha que separa a los delitos y a la corrupción de sus condenas.
- Reducir de nueve a cinco el número de jueces de la Suprema Corte de Justicia de la Nación.
- Dar a publicidad los antecedentes de los candidatos, de modo que se puedan manifestar objeciones antes de que sean designados por el Senado. Asimismo, los jueces deberán dar a conocer anualmente sus estados patrimoniales y la fuente de sus ingresos, junto a la presentación de las declaraciones impositivas.

A modo de conclusión

Respecto de las propuestas efectuadas en el capítulo anterior, he tratado de dejar expuestas líneas de acción, con el convencimiento de que llevarlas a la práctica dista de ser una tarea fácil, vistos los intereses políticos afectados. Es evidente que muchas de ellas exigen reformas constitucionales que no podrán ser eludidas, tanto en el Estado nacional como en los Estados subnacionales.

El andamiaje jurídico-administrativo de la nación y de las provincias ha sido levantado por exponentes de la "vieja política", cuyo reemplazo es imperioso porque han sido ellos los causantes del fracaso argentino, ya que no pudieron, no supieron o no quisieron evitarlo. No podemos crear un país distinto con viejos actores, viejos métodos y viejas ideas. Si la nueva generación política no lo entiende así, habremos perdido una oportunidad más y postergado la resolución de los conflictos que surgen de la pobreza, del atraso y de la frustración.

Como bien expresara el presidente Néstor Kirchner en su mensaje al Congreso de la Nación al asumir el cargo el 25 de mayo de 2003, se trata, nada más y nada menos, que de "conciliar la política, los políticos y las instituciones con la sociedad argentina". En este aspecto, debe comprenderse que los obstáculos a vencer no son pocos, sobre todo porque quien debe dar comienzo a la recuperación de la República es un presidente surgido de la partidocracia actual. Él tiene la responsabilidad histórica de realizar la tarea de higiene político-institucional que reclama la ciudadanía. Su compromiso y su lealtad deben estar al servicio de todos los argentinos y no de parcialidad alguna.

Sé que he transitado por un terreno difícil y conflictivo, respecto del cual los disensos son sumamente profundos. Me he esforzado por sintetizar las cuestiones que estimo más importantes, y evité escrupulosamente abundar en consideraciones técnicas propias de un economista con base institucionalista. He tratado de presentar mis opiniones del modo más objetivo posible, sin eludir las posiciones de compromiso, esperando que si alguien encuentra algún mérito en este esfuerzo, no sea otro que el de contribuir al debate que los argentinos nos debemos.

Notas

I. La Argentina en el 2003

1. Encuesta Permanente de Hogares (INDEC), octubre de 2002.

2. No coincido con quienes consideran esta cifra como resultado de una política agrícola exitosa, porque al mismo tiempo desaparecieron ciento tres mil productores medianos y pequeños y se dio lugar a un significativo proceso de concentración de la propiedad, parte del cual benefició a empresas extranjeras. Asimismo, se trabaja la tierra con métodos intensivos, usando herbicidas que matan las especies naturales y, a mediano plazo, degradarán nuestro suelo y envenenarán las napas de agua.

3. Sin embargo, ese crecimiento tuvo como contrapartida un cuadro de exclusión social que dio lugar a la presencia de elementos compensadores impulsados por el socialismo, el radicalismo y, mucho más tarde, por el peronismo.

4. Ingresos medios altos. Las estadísticas corresponden al año 2000. Entonces, según el Banco Mundial, integrábamos ese grupo con Barbados, Botswana, Costa Rica, Croacia, República Checa, Estonia, Gabón, Granada, Hungría, Líbano, Libia, Lituania, Malasia, Polonia, etcétera.

5. Es la evidencia que surge de la experiencia argentina en la década de los noventa, que produjo crecimiento con concentración de ingresos y altos niveles de desempleo. Es, en todo caso, la constante en el mundo que nos toca vivir.

6. Véase López, Artemio, "Generar más pobres fue una decisión política", revista *Debate* N° 6, Buenos Aires, abril de 2003.

7. Galbraith, John, *La sociedad opulenta*, Emecé, Buenos Aires, 1992.

8. Esto explica que algunos panegiristas de la política de los años noventa se encuentren hoy entre sus críticos más acendrados.

9. Nuevos pobres. Se trata de aquellos integrantes de la clase media que descienden en la escala de los ingresos.

10. En la década de 1990 se registró una inmigración de 2.600.000 trabajadores de los países vecinos, de los cuales la mitad se encuentra en la informalidad. Esto explica una parte sustantiva del desempleo hoy existente, pero, por supuesto, el país carece de políticas al respecto.

11. "Tiempos viejos", de Manuel Romero y Francisco Canaro, 1926.

12. *La división del trabajo social* (1893), cita proporcionada por el doctor Adolfo Ruiz. El sociólogo francés Emilio Durkheim fue fundador de la Escuela Sociológica de Francia.

13. Martín, Hugo, *Nueva mayoría*, 30 de julio de 2002.

14. Frase preferida del doctor Raúl Alfonsín en la campaña electoral de 1983.

15. Véase Cuello, Raúl, *Política económica y exclusión social*, Primera parte, capítulos I, II y III, Macchi, Buenos Aires, 1998.

16. Ortega y Gasset, José, *La España invertebrada*, *Obras completas*, tomo 3, Revista de Occidente, Madrid, 1966, sexta edición.

17. Cuello, Raúl E., artículo publicado en agosto de 1982 en *Ámbito Financiero* y reproducido en Cuello, Raúl E., *Callejón con única salida*, El Cid, Buenos Aires, 1983.

18. Estimado en 130 mil millones de dólares para 2003.

2. La corrupción

1. No hay país en el mundo donde no exista corrupción. En todo caso, es una cuestión de grado. Pero los que la difundieron fueron —y son— Inglaterra, Holanda, Suiza, los Estados Unidos, Italia, Francia, todos los países de Oriente Medio y Japón, entre otros.

En esta materia, los argentinos sólo somos alumnos aplicados.

2. Hay nombres paradigmáticos asociados con esta verdadera desgracia nacional. Además de Carlos Saúl Menem, ocupan lugares de privilegio María Julia Alsogaray, Roberto Dromi, Domingo Cavallo; los integrantes del establishment nacional nucleados en la Unión Industrial Argentina, la Sociedad Rural Argentina, la Asociación de Bancos Argentinos y el Consejo Empresario; las usinas ideológicas como FIEL y CEMA, que fueron sus sostenes intelectuales; cruzados como los periodistas Bernardo Neustadt y Mariano Grondona, y los medios de comunicación al servicio de la ideología neoliberal.

3. Recuérdese el episodio de "la Banelco" en el Senado de la Nación y las denuncias del presidente de ese cuerpo, Carlos "Chacho" Álvarez, que tiempo después renunció a su cargo.

4. Elaborado anualmente por Transparency International, el índice usa la escala de 0 (máximo) a 10 (mínimo) para calificar el nivel de corrupción de 102 países. Año 2001.

5. Véase, como un ejemplo reciente de esto, el sonado caso de María Marta García Belsunce.

6. Recuérdense los casos Yoma, Gualtieri, Adidas y Soldati, entre muchos otros que el lector ya conoce sobradamente.

7. El Acta de Reparación Histórica para San Luis, La Rioja, Catamarca y San Juan es un caso paradigmático de evasión impositiva institucionalizada que tuve oportunidad de apreciar personalmente (aunque carecía de la fuerza política suficiente para impedirla) en 1990, cuando me desempeñaba como secretario de Ingresos Públicos de la Nación.

8. La aludida "democratización de la corrupción" hace que ésta no sea exclusiva del entramado de relaciones públicas. También dentro del sector privado hay corrupción.

9. He conocido y conozco políticos cuya amistad me honra, y también sé que existen otros que reúnen cualidades destacables, cuya lista omito porque parecería restrictiva. Sin embar-

go, no puedo dejar de destacar el magnífico ejemplo brindado por Elisa Carrió en las elecciones del 27 de abril de 2003, al financiar su campaña de un modo que no reconoce antecedentes en la República en los partidos tradicionales.

3. Los políticos y la política

1. Respecto de los políticos que estuvieron motivados por fines altruistas, se destaca como modelo Arturo Illia.
2. Weber, Max, *Economía y sociedad*, Tomo II, Fondo de Cultura Económica, México, 1944, pág. 695.
3. El caso de la flota de aviones de la Presidencia es paradigmático. Se usan con desenfado a la vista de una ciudadanía que asiste de modo pasivo al dispendio del patrimonio público. No sólo se valen de ellos el presidente y su entorno de funcionarios allegados, sino también su familia y sus adláteres.
4. La cifra abarca los gastos que corresponden directamente a los cargos electivos y los funcionarios designados por éstos en forma temporaria, dentro del Poder Ejecutivo de los tres niveles de gobierno, más el gasto total que demanda el Poder Legislativo a nivel nacional, provincial y municipal. "Informe Grupo Sofía", Buenos Aires, julio de 2001, pág. 37.
5. Estimaciones de Roberto Cachanovsky y Rosendo Fraga, respectivamente.
6. Recuérdense el aumento del número de jueces en la Suprema Corte de Justicia y el acuerdo Menem-Alfonsín del cual surgieron el Consejo de la Magistratura y el tercer senador.
7. Carlota Jakisch, Fundación F. Hayek, 2001.
8. Me refiero al cierre de mercados para nuestra exportación ganadera debido a la reaparición de la fiebre aftosa.
9. Véase Cuello, Raúl E., *Política económica y exclusión social*, op. cit.

4. La Argentina: un país sin Estado

1. Estas categorías pueden aplicarse indistintamente a la nación, las provincias y los municipios, dado que cada una de estas jurisdicciones políticas designa el gobierno que debe administrarla por medio del Estado, en los términos del análisis que se hace en este capítulo. En consecuencia, los argentinos tenemos un gobierno y un Estado nacionales, 24 gobiernos y Estados provinciales (incluyendo la Ciudad Autónoma de Buenos Aires) y 1163 gobiernos y Estados municipales.

2. Un conjunto de individuos que se agrupan conforme un determinado orden político pero que no llegan a crear una estructura administrativa de orden superior constituyen una tribu, una secta o una asociación.

3. En Economía Pública se denomina a esto "principio de exclusión", nadie puede quedar excluido del uso o goce de este tipo de bienes.

4. Oszlak, Oscar, "Una década de reforma estatal en Argentina", *Desarrollo Económico* Nº 168, vol. 42, enero-marzo de 2003.

5. Ibídem.

6. Se incluye a quienes ejercieron la Presidencia entre el 20 de diciembre de 2002 y el 2 de enero de 2003.

7. Existen nueve entes reguladores (gas, electricidad, obras y servicios sanitarios, nuclear, transporte, comunicaciones, aeropuertos, concesiones viales y seguridad de presas). En conjunto, tienen un presupuesto de 124.051.000 pesos y ocupan 1140 personas que absorben el 60 por ciento de ese presupuesto, es decir que un sueldo promedio anual es de 65.290 pesos. No se conocen rendiciones de cuentas respecto de la justificación de los mismos. Por otra parte, llama la atención que no exista ningún ente regulador del sector petrolífero.

8. Mesa redonda en IDEA, con la participación de los doctores Enrique Folcini, Lorenzo Sigaut y el licenciado Juan Carlos de Pardo.

5. La invasión ideológica

1. "La casa está en orden" fue la frase pronunciada por el presidente Alfonsín luego de dar por concluido un intento de insubordinación militar en 1987, pero que puede aplicarse a la *praxis* de su gobierno.
2. Las otras fueron la libertad de prensa y la economía de mercado.
3. Cuello, Raúl, *Política económica y exclusión social,* op. cit.
4. Cuello, Raúl, *Callejón con única salida,* op. cit.
5. Cuello, Raúl, *Política económica y exclusión social,* op. cit.
6. Puede admitirse una cuota de silencio en un proceso que se caracterizó por la violación sistemática de los derechos humanos, pero ese miedo no nos alcanzó a todos por igual. Sobran los testimonios escritos de quienes alertábamos acerca de las consecuencias desastrosas de las políticas implementadas a partir de 1976.
7. En el supuesto de que a partir del año 2003 el país creciera al 4,5 por ciento anual acumulativo, recién en 2012 se tendría el mismo ingreso por habitante que en 1997. Obviamente, éste es un supuesto posible, pero muy difícil de alcanzar vistas las restricciones existentes.
8. Una exposición detallada puede consultarse en Robert Ekelund Jr. y Robert Hebert, "The origins of neoclassical microeconomics", en *Journal of Economics Perspectives*, vol. 16, N° 3, verano de 2002.

6. El tipo de cambio y la Convertibilidad

1. Fueron pronunciadas, respectivamente, por Juan D. Perón, Lorenzo Sigaut y Juan Carlos Pugliese, los dos últimos mientras se desempeñaban como ministros de Economía.
2. Luego de la devaluación de enero de 2002, los salarios reales ca-

yeron el 27,2 por ciento y el desempleo aumentó en un 23,6 por ciento. La menor base salarial explica la violenta caída del PBI.

3. Un excelente análisis al respecto puede encontrarse en E. Conesa, *La crisis del 93*, Planeta, Buenos Aires, 1992.

4. El 2 por ciento sobre los activos productivos y el 1,2 por ciento sobre los débitos bancarios.

5. Se trata de la ley 23.928, sancionada el 27 de marzo de 1991.

6. A la caída del 11,5 por ciento en 2001 se añade el cómputo anual expresado en dólares, que se corrige por un tipo de cambio devaluado en un 200 por ciento.

7. Entre ellos, Eduardo Curia, Marcelo Lascano, Eduardo Conesa, José Luis Espert, Adolfo Buscaglia y Héctor Valle.

8. Raúl Cuello, *Tiempos violentos* (Atilio Borón, Julio Gambina y Naum Minsburg, compiladores), Eudeba, Buenos Aires, 1999, págs. 131-146.

9. A. Buscaglia, citado en Raúl E. Cuello, *Política económica y exclusión social*, op. cit.

7. Bases para la recuperación

1. El 3 de junio, en una visita a la provincia de San Juan, el presidente Kirchner afirmó que "estamos del subsuelo para abajo".

2. Por ejemplo, la educación primaria debe ser atendida por el municipio; la secundaria, por la provincia, y la terciaria, por la nación.

3. Publicado en el diario *La Nación*, de Buenos Aires.

4. Para un mayor desarrollo del tema, véase Weber, Max, *Economía y sociedad*, op. cit., págs. 217-228.

5. Véase el capítulo 3, "El costo de la política", pág. 77.

6. Roberto Dromi y Eduardo Menem, *La Constitución reformada*, Ciudad Argentina, Buenos Aires, 1994, págs. 111-113.

7. Eduardo Menem y Roberto Dromi, op. cit., pág. 363.

Esta edición se terminó de imprimir
en Verlap S.A. Producciones Gráficas
Comandante Spurr 653 - (1874) Avellaneda
Pcia. de Buenos Aires - Argentina
en el mes de Octubre de 2003